摂関家領土佐国幡多荘再考

大利恵子　著

佛教大学研究叢書

清文堂

まえがき

今更に幡多名山の一なる堂が森の頂上に立たんか。大小無数の山々層々相かさなり、波瀾重畳の状をなす。北方には長く双翼を張りて本郡の脊梁をなせる大道山の雄姿を見るを得べく、西南方に当りては標高一千五百メートル千古斧斤のはいらざりしてふ黒山、卓犖として聳立す。斯の如くにして幡多は実に山国なり

明治期郡制は大正一二年（一九二三）四月一日に廃止されたが、すでにその前々年に廃止法案が可決されていたことにより、高知県幡多郡役所は郡制時代を記念するとして前年八月から『高知県幡多郡誌』の編纂を始め、二年余りの歳月をかけて大正一三年（一九二四）一一月末日にその作業を完成させ出版した。しかし、同書刊行後五〇年近くが経過したことによって入手困難となり、地方史研究者に著しい不便を与えていた事情を背景に編纂委員会を立ち上げ、昭和四八年（一九七三）四月に五〇〇部限定で『幡多郡誌』として再版した。

右はその冒頭部分であるが、幡多郡役所は幡多郡について自ら「山国」と記している。

この記述を受け、いま試みに手元の日本地図を開いてみると、土佐国自体、屏風のように連なる剣・石鎚両山系からなる四国山地によって伊予・阿波と国境を接し、他の三方はすべて波の荒い太平洋に面した東西に細長い平野の少ない地形であることに気付く。土佐国は古くは遠国に位置付けられ、伊豆・佐渡・隠岐等とともに遠流の国でもあった。幡多郡はその土佐国のさらに西南の果てに位置し、中央部にわずかの貴重な平野を有する以外は、『幡多郡誌』が述べる通りほぼ全域が山地で覆われている。

摂関家領幡多荘は、このような幡多の地に九条家領として一三世紀前半に忽然と姿を現す。同荘は、九条家の繁栄を体現した道家の家領処分によって四男実経に分与され、戦国期まで一条家領としての道を歩むことになるが、この家領はまた、応仁期の一条家当主教房が下向・在荘し、その子孫が幡多に定着して所謂土佐一条家を成立させたことでも歴史上に有名である。

それでは、幡多荘とはどのような荘園であったのか。

この問いに対する答としては、高知県が昭和四六年（一九七一）に編纂した『高知県史　古代中世編』における解説をまず初めに置かなければならない。それによると、幡多荘は幡多郡と同義語とされており、その幡多郡という用語の示すものは「国造時代の波多、律令時代の幡多郡」となっている。その一方で同荘は、鎌倉時代には幡多郡のみならず現高岡郡四万十町仁井田から中土佐町久礼にまでおよぶ土佐最大の荘園とも説明されており、一土佐半国にもおよぼうかというそうした広大な範囲が、中世の幡多郡の範囲として位置付けられるとともに、一荘園としても位置付けられているのである。『高知県史』がこのような解説を行っているということ自体、これが現在における幡多荘についての定説であることを意味していよう。

しかしながら、幡多荘の広大さが唱えられる一方で、その中身については、実はほとんど明らかになってはいない。幡多荘の成立・伝領の経緯、地理的構造、支配形態等の、所謂荘園公領制の下での土地所有に特有な複雑且つ重層的な領有の在り方については、これまで議論すらされてはこなかったと言っても過言ではない。一条家の幡多荘支配やそれを背景として成立したとされる土佐一条家の性格等の研究のためには、まずは前提となる幡多荘自身を歴史の中に位置付ける作業が必要なのではなかろうか。

本書の目的は、前述した様々な視点から幡多荘をとらえ直し、その実体を解明することにある。課題の性格上、中世に限るとはいえ、幡多荘の成立から崩壊までを通史的に探究することになったが、そうした作業を通して幡多荘を可視化し、新たな歴史像の提示を試みることができたと考えている。

摂関家領土佐国幡多荘再考――※目　次

土佐国

（郡境は明治期行政区画による）

伊予国
N
高岡郡
須崎市
須崎湾
久礼
幡多郡
窪川
四万十川
四万十市
大方
佐賀
土佐湾
宿毛市
中筋川
宿毛湾
土佐清水市
足摺岬
0
10
20km

【図全―Ⅰ】土佐国全図

図全―Ⅱ　関係者略系図

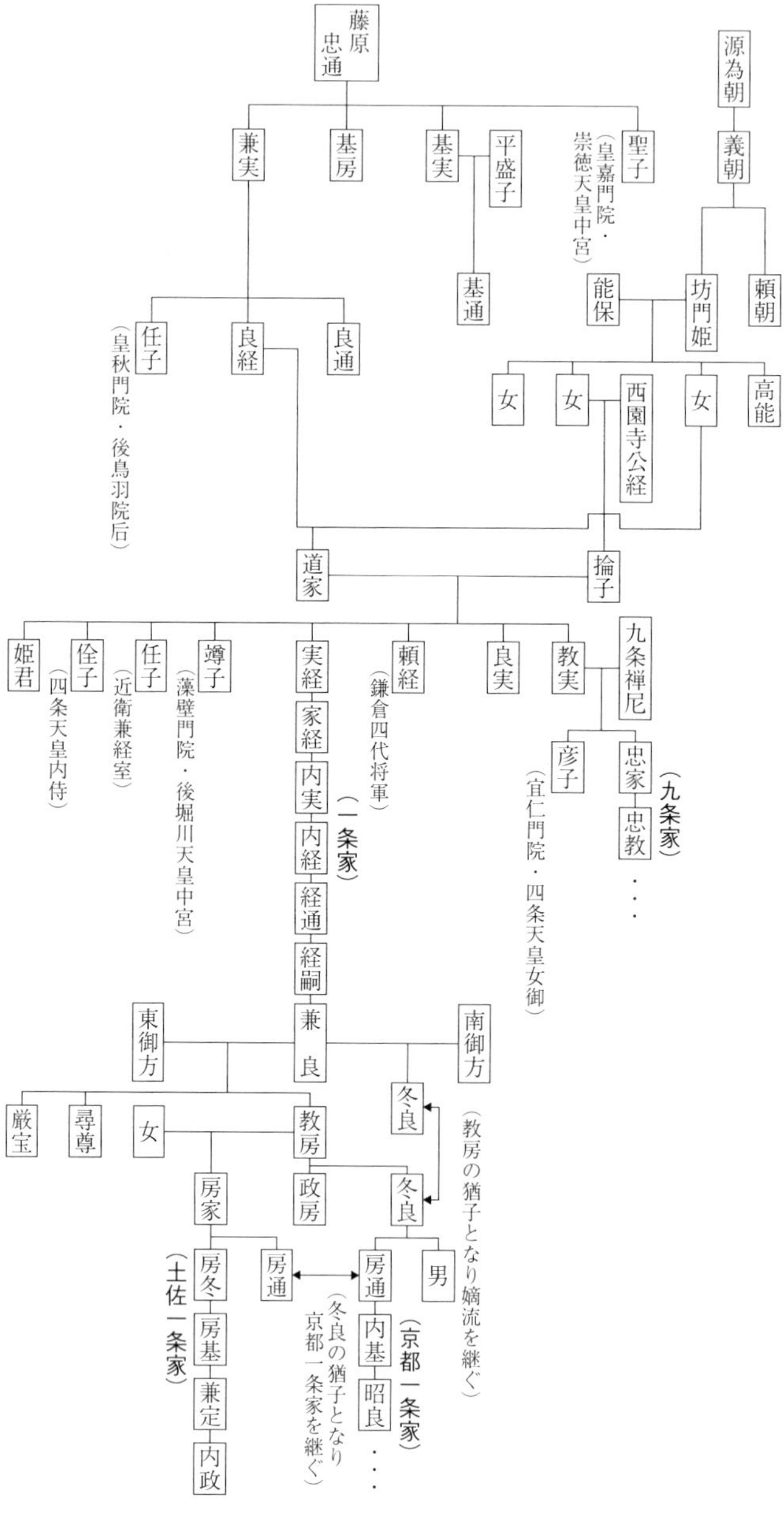

源為朝
義朝
頼朝
坊門姫
能保
高能
女
西園寺公経
女
女
藤原忠通
聖子
（皇嘉門院・崇徳天皇中宮）
平盛子
基実
基通
基房
兼実
良通
良経
任子
（皇秋門院・後鳥羽院后）
掄子
道家
九条禅尼
教実
彦子
（宜仁門院・四条天皇女御）
忠家
忠教
（九条家）
良実
頼経
（鎌倉四代将軍）
実経
家経
内実
内経
経通
経嗣
兼良
（一条家）
竴子
（藻壁門院・後堀川天皇中宮）
任子
（近衛兼経室）
佺子
（四条天皇内侍）
姫君
南御方
東御方
冬良
（教房の猶子となり嫡流を継ぐ）
教房
政房
冬良
男
房通
内基
昭良
（京都一条家）
（冬良の猶子となり京都一条家を継ぐ）
女
房家
房通
房冬
房基
兼定
内政
（土佐一条家）
尋尊
厳宝

摂関家領土佐国幡多荘再考

序　章　研究史の整理と課題

はじめに、本書と関連があると思われる幡多荘と一条家に関する研究史を概観し、それぞれの研究における筆者の見解を整理して本書の課題を明示し、構成を示すこととする。

第一節　研究史の流れとその整理―三つの研究視角から―

(一) 幡多荘と一条家および土佐一条家の幡多支配

摂関家領土佐国幡多荘[1]と一条家、およびそれに続く土佐一条家[2]の幡多支配に関する基礎的解釈には、山本大氏の見解が多く影響を及ぼしていると思われる。

山本氏は『高知県史　古代中世編』の編者であり、『高知県歴史辞典[3]』の解説者であり、高知県の歴史研究会の機関誌『土佐史談』において、約一〇年にわたって続けられた中世土佐の歴史入門講座[4]の執筆者でもある。氏は、土佐国の荘園については、史料的制約から個々の荘園の変遷を追うことは困難であると断りながらも、幡多荘が幡多郡と同義語であり、鎌倉時代にはその範囲は東接する高岡郡にまでおよんでいたとする、筆者が本書冒頭で挙げた解説を行っている。そして、応仁・文明の乱勃発により、荘内は土豪に侵略され危機を迎えたが、一条家当主教房が家領回復の目的を持って幡多に下り、多少の困難を伴いながらも次第に家領を回復し土佐一条家の成立を見たこと、土佐一条家四代兼定の時には、幡多・高岡二郡を勢力下に収めて土佐西部に戦国公家大名として君臨し、飛騨姉小路氏・伊勢北畠氏と並んで三国司と称されたこと、これにより土佐東部を席巻した長宗我部元親と対立し、渡川合戦によって滅亡したこと等、中世の幡多荘を舞台とした一条家・土佐一条家による幡多支配を概説した(5)。

このような歴史像にピンポイントに視点を当て、基礎的かつ実証的な検証を加えたのが朝倉慶景氏である。『高知県史　古代中世編』では、土佐一条家四代兼定の出家および豊後大友家への出立や、それに続く五代内政の元服と長宗我部元親による内政の後見が、一条家家臣と土佐統一を志向する長宗我部元親との謀略説で説明されている。性格が過激で放蕩の癖の強い兼定に離反した家臣が、元親と組んで兼定を排し、嫡男内政を元親に託して土佐一条家存続を図ったというものである。しかし朝倉氏は、そうした歴史像が近世軍記物の記述を基に作られている可能性を指摘し、兼定の出家・豊後出立は、当該期の京都一条家当主内基と元親による土佐一条家存続のための救済策であったと述べた(6)。

さらに、一条家一門の家領への下向が、当該地域の地方寺院を宿舎としている点に注目し、幡多下向直後の一条教房の居所が幡多中央部の寺院であった可能性を指摘し(7)、九条道家の処分状に記された幡多荘内の加納久礼別符の比定地として、高岡郡四万十町仁井田を挙げる等(8)、歴史地理学的手法を用いながら『高知県史』が示す歴史像を次々と見直し、一九八〇年代から九〇年代にかけての土佐一条家研究をリードした。

秋澤繁氏は、山本氏の『高知県史』における解説を支持し、幡多荘を「近世以前は幡多郡と同義であった可能性が強い」、「幡多荘は地頭不設置の本所一円地」等と位置付けて、政所（京都）―奉行所（本荘）―預所（要地）―沙汰人（村・名）といった荘官系列と、年貢・公事輸送をつかさどる船所職の存在を示している。[9]その一方で、朝倉氏が唱えた、「内基下向の目的は破綻寸前の土佐一条家救済の措置」という見解も肯定し、元親が内基の意向を汲み、内政を大津城に擁することにより、「土佐一条の伝統的権威を領内、殊に西部（旧一条領）支配に活用、他方、京一条本家との関係を一つのパイプとして中央政局に対処、戦国大名の地保を固め」たとして、そのような長宗我部氏の支配秩序を「御所体制」と呼んでいる。[10]

秋澤氏の「地頭不設置の本所一円地」という見解と荘官系列からは、氏が一条家の幡多荘経営を直務とみなしていたことが推察されるが、この点については池内敏彰氏も、幡多荘では中世を通じて一条家による直務が行われていたとしている。[11]池内氏の見解の際立った特徴は、他の研究者が明言を避けている幡多荘の荘園としての評価を、一貫して「一条家領中最優良の荘園」と位置付けている点にあり、そうした評価、および安定的・継続的な直務を背景として、戦国期の教房の下向・在荘とそれに続く土佐一条家の成立、細川氏と結んだ一条家の対明貿易への関与等が、論文・学会等で精力的に発表されている。[12]

しかし、池内氏が主張する一条家による直務の論拠は判然とせず、教房が応仁期に下向・在荘するまでに、九条家・一条家の家司が幡多に派遣された跡も管見の範囲では見いだせない。中脇聖氏は、池内氏による一連の「豊穣の幡多荘」説を、教房の父兼良が幡多荘を「有名無実也」と評したことを論拠に否定した。[13]

(二)　四万十市中村の都市史

幡多荘の中心であり、土佐一条家の本拠地でもある中村（四万十市中村）は、小京都とも称される。京都と同様に北・東・西の三方が山に囲まれ、その中を鴨川・桂川に模した後川・四万十川が流れていることによる。こうした中村の町の基礎は、教房の息子の土佐一条家初代房家の時代に固まったとされている。

中村の発展に関する研究としては、野村晋域氏の論考が第一に挙げられよう。昭和一〇年（一九三五）に『社会経済史学』に掲載された、「戦国時代に於ける荘園より都市への発達―其の一例としての土佐中村―」と題された論考である(14)。

野村氏の論考は、荘園から都市への発達を見せた中村の都市論として執筆されたものでありながら、その発達を対明貿易によって達成されたものであると位置付けたことから、都市論としてよりも、一条家の対明貿易関与の可能性を示したものとして脚光を浴びたことで有名である。

野村氏は、土佐一条家を重商主義的領主と位置付け、中村が幡多荘の本拠地という性格から都市へと変革したのは、荘園領主一条家の意図によるものであると指摘した。すなわち野村氏は、都市中村の前身に一条家の荘園を置き、年貢運上という、いわば貨物の輸送を長年繰り返してきた荘園が、その崩壊時期に臨んで「重商主義的領主に依って、其の貨物の移動に好適せる地理的条件を巧みに採択せられ、遂に商業貿易を基本とする都市として更生せしめられ」た結果として、城下町中村が成立したと論じたのである。この論考の中で、中村は一条家による勘合貿易の後背地として位置付けられ、当該期の対明貿易の拠点であった自治都市堺と同列に置かれている。

野村氏の見解によるならば、中村は一五世紀中葉にはすでに都市化していたことになるが、これに対して松本豊寿氏は、土佐一条家の時代に作成された絵図と言われていた「一条時代中村絵図」を材料として、長宗我部地検帳の記載事項の分析結果と対比させるという方法で、絵図の後世的脚色や矛盾点の検討を行い、絵図の成立時期を推定することで野村氏の説を否定している(15)。

松本氏によれば、「一条時代中村絵図」には縮尺・方位・距離の作図三要素がかなり正しく表示されており、室町期の絵図に多く使用されている「周囲絵画式」と呼ばれる作図法よりも、さらに技術的に発達した「全平面式」という作図法によって描写されているという。そうした描写方式は一七世紀中葉から現れてくるところから、問題の絵図の作成時期はそれを遡ることはできず、一条時代に作成されたものではないと指摘した。

また絵図では、中村の屋敷配分が階級別地域区分制を採って描かれていることが明らかであるが、配分の基点が一条家の居所「中村御所」ではなく、その右上方にある中村城であること、さらに絵図には、戦国期の国外有力大名の「香川殿」「大友殿屋敷」等の記載や、土佐国内大名の「本山殿」「大平殿」等の屋敷とみられる記載が散見されるが、一条家がこれらの大名を城下に集住させる権力を保持していたかどうかは疑問であり、史料的にも立証し得ないと述べている。氏は、近世に作成されたと判断できるこの絵図が、一条時代のものとされている背景には、問題の絵図成立に、「一条時代への懐古的ノスタルジアが中心となった」「近世的見地に立脚した」脚色の存在があると指摘し、一条時代の中村はいまだ「郷村的城下町」であったに過ぎないと結論した。

中村の夏の風物詩とも言われる大文字送り火は、土佐一条家初代房家が京都をしのんで始めたものと伝えられているが、本家の京都五山での送り火がいつ始まったのかについては、江戸前期には行われたことが記録にあるもののはっきりとはしていない[16]。房家が生きていた一五世紀末から一六世紀前半の時代に、送り火が京都を思い出すよすがとなるほどに人々に根付いていたかどうかは疑問であり、幡多で生まれ幡多で成人した房家に、送り火から連想されるほどの京都での暮らしがあったわけでもない。あるいはこれなども、地域アイデンティティーと結びついた懐古的ノスタルジアの産物であろうか。

この他、小林健太郎氏も長宗我部地検帳の記載を分析するという方法で、戦国期の城下町中村の市町＝いちまち（町屋のこと）の配列を具体的に想定し[17]、西南四国歴史文化研究会中村支部は、小京都中村の街並みを復元した地図を作成している[18]。

（三）一条家の対明貿易関与と考古学

一条家の対明貿易関与に関しては、池内敏彰氏が教房の下向理由の一つとして挙げたことからも言えるように、幡多荘とそれを背景として成立した土佐一条家に対する高い評価とともに、これまで広く唱えられてきた。

山本大氏は、応仁・文明の乱に際し、瀬戸内海西部の制海権を持つ大内氏と敵対した細川氏が、新たに紀伊水道から土佐沖に至る南海路を開いたことにより、幡多郡下田の港は、薩摩の坊ノ津とともに勘合貿易の重要な位置を占めることとなり、一条家はこの航路を保証し、細川氏と親近関係を結ぶことで単なる荘園領主から大名に変身し、幡多荘の中村が都市的性格を帯びた近世城下町に変貌したとし[19]、荻慎一郎氏らは、幡多郡が大陸や南方との交易の窓口としての位置を占めており、一条家領の中で極めて重要な地であったとして、山本氏の論考を支持した[20]。これらの論考に共通するのは、遠国土佐の、さらに西南の果てに位置し、『幡多郡誌』が「実に幡多は山国なり」と自ら評した幡多郡に対する、海上交通という側面からの高い評価である。

しかし、房家が幡多で造船した唐船はついに一度も渡航せず、土佐一条家が対明貿易に関与した事実も確認できない。また、畿内を商圏として背負う堺とは異なり、幡多は後背地としての商圏を持たず、貿易品販売のための市場の確保が容易ではない。こうした点を基に、小松泰氏[21]、下村效氏[22]、朝倉慶景氏[23]等は土佐一条家の貿易関与を明確に否定している。

そうした中で市村高男氏は、土佐一条家初代房家が唐船を新造していること、一条家が国内では生産されない人参・胡椒等を院・天皇に贈っていること等は、対外貿易に関わっていたことを抜きには考え難いと指摘している。[24]それのみならず、土佐沖を通過する遣明船のルートは、大内・細川両氏の対立によって生じた一時的なもので、通常の南海路は豊後水道から瀬戸内海へ入るものであったことから、土佐西部や伊予国宇和郡はこのルートをはさんで日向・豊前と密接につながっていたことを重要視している。よってここに家領幡多荘を持つ一条家は、早くから対外交易に関与しやすい環境にあったと指摘し、豊後水道をはさんだ地域との流通や薩南諸島・琉球との交易の可能性を論じている。

近年では、土佐の中世遺跡から発掘された陶磁器・土器等の分布という視点から、一条家の貿易関与とその後背地としての幡多荘に言及した論考が発表されている。

松田直則氏は、中世遺跡から出土する貿易陶磁を材料として、土佐の中世前期の貿易陶磁が一条家の荘園があった幡多の中筋川流域で発見されていること、中世後期になるとそうした貿易陶磁が、一条家が勢力を伸ばしたとされる仁淀川以西からも出土することに注目した。中世前期の幡多荘中央部の中筋川下流域には中世集落が多く営まれており、このあたりには高知県の中で最も多く貿易陶磁・畿内産の瓦器椀等の交易品が出土するという。また一五世紀から一六世紀にかけては、四万十川の中流域から上流域にかけての城館を中心とした遺跡からも貿易陶磁が出土し、そうした出土状況から、土佐一条家が勢力を拡大するにつれて貿易陶磁が広く流通していったとみて差し支えないとしている。[25]

加えて、幡多地域には一五世紀後半代の城郭跡が多く、松田氏はこれらを、一条教房の下向後に一条家の家臣団に組み込まれた土豪等の城郭であるとし、こうした小規模な城郭からも貿易陶磁が出土している点が挙げられることは、一条家による対外交易と地域支配のあり方を検討する上で重要であると指摘した。

この点は、大久保健司氏も、四万十川下流域に多く点在する中世城郭を踏査し、一条家の勢力版図内に存在する城郭群の実態をまとめた研究の中で、それらの城郭群の個々の実態が、一条家の本拠地幡多郡においては多種多様であることから、在地土豪たちが一条家の支配体制に組み込まれつつも自立的であったとする見解を示している(26)。

さらに、池澤俊幸氏は、古代後期から中世を中心に広範囲に出土する、特定の焼き物の器種・時期・空間といった要素から地域の様相の解明を目指した(27)。特に貿易陶磁については、一二世紀前葉までは南四国にはほとんど運ばれておらず、一二世紀末から一三世紀初葉頃から流入し始めるのを画期として、それまで土佐東部に対し低かった土佐西南部の位置付けが逆転することを確認している。そして、下向した教房の後室に娘を差し出し、縁戚関係を結んだ加久見氏の城館遺跡群に、奢侈的な輸入陶磁器が多く出土することなどは、一条家の対明貿易関与、豊後水道をはさむ諸国・南方との交易の可能性にも関連するものであると結論付けている。

このような各説に対し中脇聖氏は、教房の幡多下向と教房の長男政房の摂津国福原荘への下向時期が同じであることから、両者の下向目的は、対明貿易で得た物品や土佐の材木等を畿内に運ぶためのルート確保を視野に入れた、土佐と摂津を結ぶ恒常的な海上交通の開発のためという新たな見解を示している(28)。

第二節　本書の課題と構成

以上、これまでの幡多荘および一条家の幡多支配に関する研究の現状を概観したが、すでに指摘したように、これらの研究では、幡多荘＝幡多郡＝一条家の広大な一円領という解釈が既定の事実として扱われており、個々の論考の中でそれがうまく消化され血肉となって、その上に各々の問題関心が積み上げられているのではないかと考えられる。なぜならば、これらの論考の多くは、幡多荘の成立時期、地理的構造等についてほとんど言及しておらず、そうした疑問を解決していく過程で見えてくるはずの、所謂荘園公領制下の幡多荘の実態が浮かび上がって来ないからである。

また、こうした研究の多くは、高知県出身もしくは在住の研究者によってなされている。これも、幡多荘と一条家の研究が抱えるところの看過できない問題の一つであると考える。

無論、中央が主役となりがちな歴史研究において、地域の未解決な歴史的問題を地域の手によって明らかにしていく作業は重要であり、且つ研究対象が自らの郷土の歴史であってみれば、踏査も認識を共有するための議論も容易であるのは言うまでもない。しかしともすればそうした作業は、郷土に対する愛情と誇大な評価が無意識のうちに深層の部分で前提となり、中央において明らかにされた、あるいは明らかにされつつある全体的な日本史からはずれた、言わば郷土の中でしか共有できない歴史像を作り上げてしまうという負の一面が生じることはないだろうか。

本書ではこのような点に十分留意し、幡多荘の成立・伝領の経緯、内部構造、支配形態等の各視点から実証的且つ客観的に幡多荘をとらえ直し、その実体の究明を試みる。そうした作業を通して幡多荘を可視化し、幡多荘に輪郭を与えたい。

具体的には以下のように検討を進めることとする。

第一章「九条家領土佐国「幡多郡」の伝領とその特質」では、幡多荘がどのようにして摂関家領に加わったのかを明らかにしつつ、伝領経緯・構造等の荘園としての基礎的な事項を分析する。

荘園は土地の所有・経営形態であるが、その特徴として、単なる土地所有とは異なり、所有者が国家権力を構成する朝廷・貴族・大寺社であり、ほとんどの荘園の所在地が所有者の居住地からは遥か遠方にあることが挙げられる。そうした中央権力者の元に各地の荘園が集合する経緯としては、知行国・院分国の制度を利用し、領主の側が国衙領を立荘したものと、それとは反対に中央権力者の権威を恃んだ、地方の土地所有者からの積極的な寄進とに大きく区分されると認識する。

幡多荘はまず九条家領として歴史上に登場したが、九条家領の原資は一二世紀に成立した藤原忠通の最勝金剛院領である。それが九条家の中で伝領されていく過程で家領数を増大させ、道家の家領処分時に至って幡多荘が初めて姿を現す。この伝領の過程を丁寧にたどることで、幡多荘がいつ、どのような経緯によって九条家領に加わったのかを明らかにしたい。また、その地理的構造についても、市史・県史等による比定地の検証をもとに検討し、あわせて九条家に「郡」と認識されていた幡多荘の特質を明らかにしたい。

第二章「所謂「金剛福寺文書」にみる「先例」とその効用―正嘉元年一一月付前摂政家政所下文写の検討を中心に―」および**第三章「中世幡多地域における金剛福寺の存在形態と地域社会」**では、中世を通して一条家と深い関係性を構築していたとされる金剛福寺を取り上げる。両者の関係性の中身を考えることで、そうした関係性が何をきっかけとしてどのようにして構築されたのか、同寺が幡多の地域社会でどのような位置付けにあったのかを考察する。

金剛福寺は土佐の西南部に位置する幡多荘の、さらに最南端の足摺岬に建つ真言宗の寺である。弘法大師創建の縁起を持ち、中世には領主一条家の庇護を受け数々の奉加や特権の許可を得てきた。所謂「金剛福寺文書」(29)の多くは、同寺が提出した解状・陳状に応えて発給されたと考えられる、一条家政所下文を中心とするものである。

それらは荘園文書として分類される内容を備えていることから、金剛福寺を地域における宗教の担い手としてだけでなく、幡多荘における一地方領主的存在としても検討する必要があると考える。よって、文書の内容だけでなくその背景にも目を向けることにより、この家領の支配の形態の一端を解明したい。

補論「所謂「金剛福寺文書」について」では、第二章・第三章で主な史料として用いた「金剛福寺文書」に検討を加える。

土佐国の荘園に関する史料は極めて少なく、幡多荘の史料もまた「金剛福寺文書」にほぼ限定されるという史料的制約を抱えている。したがって、幡多荘の実態解明のためには、文書の内容についての詳細な検討が欠かせないのは言うまでもないが、同時に文書自体の史料的価値についての検証も必要であると思料し、諸説ある文書数およびその疑問点について考察するものである。ただし、同文書は金剛福寺が原本を所蔵しているものの一般公開されていないことから、研究には多く近世に編集された史料集を翻刻・発刊した刊本が用いられる。筆者もまた、原本閲覧の許可がいただけず、刊本を用いるしかなかった事情もあり、試論としての位置付けとなる。

第四章「長宗我部地検帳に見る戦国期の幡多荘―「郡」と「庄」の表示からの検討―」では、戦国期長宗我部氏による検地の結果から、幡多荘の可視化を目指す。戦国期からの遡及的方法によるものではあるが、検地帳の土佐国七郡の記載を比較・検討することによって、幡多荘という荘園の実体の解明を目指したい。

第五章「室町末期幡多荘の実態と特質の検討―『桃華蘂葉』『大乗院寺社雑事記』を主な材料として―」では、中世末期の一条家のこの家領に対する認識とその実態を考えたい。

『桃華蘂葉』は、応仁期に幡多に下向・在荘した教房の父、兼良が執筆したものである。同書には、摂関家の一員である一条家の故実作法・装束・伝来の記録・書札礼等が記されているが、その中に管領寺院・敷地および家領の概要が記されていることから、その記述は領主側から見た家領の評価という点で貴重な史料になり得ると考える。兼良が同書を執筆した文明一二年（一四八〇）卯月は、教房の幡多在荘一二年を経た時期でもあり、幡多荘についての記述は教房の下向成果に対する評価という一面も併せ持とう。一方、幡多における教房の具体的な動きは、実弟の興福寺大乗院主尋尊の日記である『大乗院寺社雑事記』から断片的に窺えるのみである。両者の記述を丁寧にたどることで、教房の下向の性格とその成果、およびそこから見えてくる幡多荘の中世末の実態を明らかにしたい。

終　章「幡多荘とは何か」では、各章で到達した結論を総括し、そこから得られた知見を基に、本書の問題関心である「幡多荘とはどのような荘園か」について一定の結論を示し、その上で今後の課題を提示したい。

注

（1）この家領の初見である建長二年一一月日「九条道家初度惣処分状」（『図書寮叢刊　九条家文書』宮内庁書陵部、一九七一年、五―（一）号）では、この家領は、「土佐国幡多郡」という郡名の後に本荘・大方荘・山田荘・以南村・加納久礼別符という五ヶ所の荘園名が記されるという形態をとり、史料・文献等では「幡多庄」「波多庄」「畑庄」「幡多荘」等とも表される。これらが道家の記した「土佐国幡多郡」と同一のものかどうかはそれ自体が重要な問題であり、本書における論点の一つでもある。しかしながら検討を進めていく便宜上、家領名を統一する必要性を勘案し、本文では幡多荘に統一して引用の場合は原文通りとしたい。ただし第一章および第五章に関しては、検討の材料に用いた主な史料にはいずれも「幡多郡」という家領名で記述されていることから、本書でもそれに従い「幡多郡」を用いるものである。

（2）所謂土佐一条家とは、そのような家名を持った家が存在していたというのではなく、京都の一条家に対し「土佐の一条家」とでもいうような意味合いで用いられている通称に過ぎない。幡多に成立したこの一条家は、その後周辺国人との戦闘を経ることから、文献では武家様の「土佐一条氏」なる呼び名が使用される場合もある。この一条家は土佐国全体と対峙していた訳ではないため、厳密に言えば幡多一条家とするのが適当であると思われるが、引用する文献等との混乱が予想されることから、先人に従い本書でも土佐一条家を用いるものである。

（3）『高知県歴史辞典』高知市立図書館、一九八〇年。

（4）山本　大「入門講座4　土佐の中世　その1～20」（『土佐史談』第一三一号～第一五七号、一九七二年～一九八一年）。

（5）『高知県史　古代中世編』「中世編　第四章　第一節第一項　幡多庄」、「第五章　第二節　長宗我部元親の軍事行動」、および前掲注（4）等。

（6）朝倉慶景「天正時代初期の土佐一条家（上・中・下・下の二）」（『土佐史談』第一六六・一六七・一七二・一七四号、一九八四～八七年）。

（7）朝倉慶景「前関白一条教房土佐下向の地についての一考察―土佐幡多着岸の地について―」（『土佐史談』第一七八号、一九八八年）、および「前関白一条教房土佐下向直後の居所について」（『土佐史談』第一八〇号、一九八九年）。

（8）朝倉慶景「土佐一条家と仁井田海岸地域のかかわり（上・下）」（『土佐史談』第一八九・一九〇号、一九九二年）、および「前関白一条氏と仁井田台地についての一考察（上・下）」（『土佐史談』第一九二・一九三号、一九九三年）。

（9）秋澤　繁「土佐国」（網野善彦他編『講座日本荘園史　10　四国・九州地方の荘園』吉川弘文館、二〇〇五年）。

（10）秋澤　繁「織豊期長宗我部氏の一側面―土佐一条家との関係（御所体制）をめぐって―」（『土佐史談』第二一五号、二〇〇〇年）。

（11）池内敏彰「一条氏研究Ⅰ～Ⅳ」（『高知県立中村高等学校研究紀要分冊』、一九九二年、一九九三年、一九九四年、一九九六年）。

（12）池内敏彰「一条摂関家と土佐国幡多庄―鎌倉時代を中心として―（一）（二）」（『土佐史談』第二〇二、二〇五号、一九九六、一九九七年）、「九条忠家遺誡草文と土佐国幡多庄」（『ぐんしょ』四〇号、一九九八年）、「前関白一条教房と土佐国幡多庄」（第三五回四国中世史研究会講演レジュメ、一九九九年）、「厳宝の土佐国幡多庄下向計画と

『大日本史料』」(『ぐんしょ』四九号、二〇〇〇年)、「中将公の土佐国幡多庄下向計画と歌・鞠道」(『ぐんしょ』五〇号、二〇〇〇年)、「土佐一条家当主房基と『桃華蘂葉』の奥書」(『土佐史談』第二四七号、二〇一一年)、「『桃華蘂葉』を有職故実の書とする定説への疑問」(第四六回日本古文書学会大会講演レジュメ、二〇一三年)等。
(13) 中脇 聖「戦国期土佐一条氏研究の成果と課題」(『土佐史談』第二一七号、二〇〇一年)。
(14) 野村晋域「戦国時代に於ける荘園より都市への発達―其の一例としての土佐中村―」(『社会経済史学』第四巻第一一号、一九三五年)。
(15) 松本豊寿『城下町の歴史地理学的研究』吉川弘文館、一九六七年。
(16) 五島邦治編『読む・知る・愉しむ 京都の歴史が分かる辞典』日本実業出版社、二〇〇五年、一六六頁。
(17) 小林健太郎『戦国城下町の研究』大明堂、一九八五年。
(18) 西南四国歴史文化研究会中村支部編『土佐の「小京都」中村―その歴史・町並み復元と史跡―』西南四国歴史文化研究会中村支部、二〇〇七年。
(19) 山本 大「勘合貿易と南海路」(松岡久人編『内海地域社会の史的研究』マツノ書店、一九七八年)。
(20) 荻慎一郎他編『高知県の歴史』山川出版社 二〇〇一年。その他に、『中村市史』中村市、一九八四年、「一条時代と交通運輸」、池内敏彰「『雑事記』に見る前関白『畑下向云々』(上・下)」(『土佐史談』第一九二・一九三号、一九九三年)、「寛正・応仁度 遣明船の下着地と一条摂関家の関わりについて」(第五〇回四国中世史研究会(於香川県高松市)研究発表、一九九八年)、「一条摂関家と遣明船(その一)」(『土佐史談』二四四号、二〇一〇年)、笠井晶二「一条教房土佐に発つ 配流の地は希望の国に」(『土佐史談』第二三五号、二〇〇七年)等、幡多荘が対明貿易の中継地点として一条家領の中でも重要な荘園であったとする説は多い。
(21) 小松 泰「大阪毎日新聞」一九四二年一月一一日付記事「一条氏の対明貿易否定」(『土佐史談』第七八号)。
(22) 下村 效『戦国・織豊期の社会と文化』吉川弘文館、一九九一年、「第二章―三 南海路勘合貿易と土佐」。
(23) 朝倉慶景「土佐一条家と大内氏の関係及び対明貿易に関する一考察」(『瀬戸内海地域史研究』第八輯、二〇〇〇年)。
(24) 市村高男「開運・流通からみた土佐一条氏」(市村高男編『中世土佐の世界と一条氏』高志書院、二〇一〇年)。

(25) 松田直則「中世土佐の地域性」（市村高男編『中世土佐の世界と一条氏』高志書院、二〇一〇年）。
(26) 大久保健司「四万十川流域の中世城郭―縄張から探る軍事的動向―」（市村高男編『中世土佐の世界と一条氏』高志書院、二〇一〇年）。
(27) 池澤俊幸「南四国に搬入された中世土器・陶磁器と開運」（市村高男編『中世土佐の世界と一条氏』高志書院、二〇一〇年）。
(28) 中脇　聖「摂関家の当主自らが土佐国に下向する」（神田裕理編『戦国時代の天皇と公家衆たち』日本史史料研究会監修、洋泉社、二〇一五年）。
(29) 所謂「金剛福寺文書」とは、そのような名前の文書が存在するのではなく、近世に編纂された「土佐国蠹簡集」「土佐国蠹簡集脱漏」等の史料集に収録されている金剛福寺関連の古文書を総称して、本書で便宜上用いた用語である。原本は金剛福寺が所蔵しているということになっている。これら史料集には複数の刊本があり、本書では『高知県史　古代中世史料編』（高知県、一九七七年）を使用した。以下、各章の本文における同史料集からの引用は「金剛福寺文書」と略記し、脚注では略記および文書の年月日と文書名を記すこととする。同文書の通数については、『高知県歴史辞典』が「原文書は二一通であとは写しである」としており、この二一通が東京大学史料編纂所影写本および土佐清水市文化財指定の古文書の通数と同じであることから、文書名を記すにおいてはそれらを同辞典の言う「現文書」とみなし、残りの文書を写とする。この点に関しては補論に詳述している。

第一章　九条家領土佐国「幡多郡」の伝領とその特質

はじめに

九条家領「土佐国幡多郡」は、建長二年（一二五〇）一一月、九条道家がその膨大な九条家領を子女に分配した際に、四男実経分として分与された四〇ヶ所のうちの一所である。この家領は、道家の処分状（「九条道家初度惣処分状」、以下道家処分状と略記）に載る家領の中では唯一郡名で記されており、「土佐国幡多郡」という郡名の後に本荘、大方荘、山田荘、以南村、加納久礼別符の五ヶ所の荘園名が記されるという形態をとる。(1)

幡多郡は、国造時代の波多国で波多・畑とも書かれ、大化改新によって成立した土佐国に併合されて幡多郡になったと言われている。(2) 同郡は、東西に長い土佐国の西南部約四分の一を占める、平野の少ない広大な地域である。土佐七郡の中では国府があった長岡郡から最も遠方に位置するが、そのような地に九条家領が形成された要因は何であろうか。

九条家領の伝領に関する研究については、すでに竹内理三・飯倉晴武両氏の論考がある。(3)

竹内氏は、九条家領が崇徳天皇中宮の皇嘉門院領に始まり、道家の代に至って大きく増大した歴史的経緯と関係者ごとの譲与分を説明し、飯倉氏は、竹内氏が論考発表時に使用されなかった史料を用いながら、五摂家成立とも関連する九条家の三流分立と家領との関係性も含めて検討している。

ともに非常に行き届いた丁寧な説明であり、大まかな事実関係にこれ以上付け加えることはないと思われる。ただし個々の荘園に関しては、いずれも処分状の記載を解説するにとどめてあるために、記載を超えた各荘園の概要や集積の事情についての検討はほとんどなく、本章で対象とする「幡多郡」に対する言及もない。

もとより、国家の中枢を構成する摂関家であるからには、国郡の追及を逃れんとする地方の有力者からの寄進が集中する事態は、とりたてて特筆するほどのことはないのかもしれない。とはいえ、一郡という単位で処分状に載ることの意味を考えると、地方からの寄進がどれだけ積極的であったとしても、一郡くまなく同心するに足る関係性が九条家と現地との間に形成されていたとは考え難い。また、知行国という当該期の政治制度に当てはめて考えてみても、基本的に遷替である知行国主の中で、なぜ九条家と「幡多郡」だけが結びついたのかを説明することは難しかろう。

こうした点を受け本章では、遠国である土佐国の中でも特に僻遠の地にある「幡多郡」が、いつ、どのような経緯で九条家領として集積されたのかについて考えたい。

まず、九条家領の成立と家領全体の伝領の経緯を時代の流れに沿って整理し、その上で道家処分状を基に分与時点の九条家領の集積の要因を分析し、「幡多郡」が何を契機として九条家領に加わったのかを検討する。それによって道家処分状に唯一郡名で挙げられるこの家領の構造や、九条家の権利についての検討を行い、この家領が持つ歴史的性格についても考察してみようとするものである。

第一節　九条家領の成立と伝領

九条家領の基になったのは、道家の曽祖父藤原忠通の最勝金剛院領一一ヶ所を含む皇嘉門院領四四ヶ所である。道家処分状の検討に入る前に、先学の理解に助けられながら、まずは九条家領の成立とその伝領の経緯について整理しておきたい。

（一）九条家領の成立

鳥羽・崇徳・近衛・後白河と、四代の天皇にわたって摂政・関白を務めた藤原忠通は、遺領の多くを長子基実に譲り、基実の死後それらの家領は、基実の妻室である平清盛の娘盛子の一時管領を経て近衛家領の基になったが、最勝金剛院領のみは、崇徳院中宮である忠通の娘の皇嘉門院聖子に譲られた。忠通には基実の他にも基房、兼実、慈円等の男子があったが、それにも拘らずなぜこのような譲与が行われたかは不明である。最勝金剛院は法性寺内にあり、忠通が妻室宗子の発願によって創建したものであることから(4)、聖子が宗子の唯一の所生であったことからこのような譲与が行われたのではないかという見解もあるが(5)、詳細は判然としない。

聖子は養和元年（一一八一）一二月五日に没したが、死の前年にしたためていた譲状で、最勝金剛院領を含む自身の所領のほとんどを、異腹の弟九条兼実の長子良通に譲った。

これらはいつこもよしみち（良通）のおさなかりしに、みなたてまつりてき、それをさいそうこんかう院（最勝金剛）ハ、一の人のしられむこそよからめれといふ人とものありしかは、いへにとりて、一の人しらるへしとて、まつ殿（基房）にと申たりしか度、ゆくすえまても、たれも大事に思はれむことかたし、大将（良通）は心さしもあ覧、又申おきた覧事なとは、すえまてもたかへられしとおもへは、□ゆつりにまかせて、すえまてもし覧ハよかりなむとてもと、した、めたりし定に、いつこもみなよしみちにたてまつりつるなり、まつとのたとへ□たうをハ、われし覧なといふ事ありとも、もちゐらるまし[6]

右によれば、聖子の所領はすべて良通が幼少の時に譲っていたが、最勝金剛院領は「一の人」が管領すべきであるという進言に従って松殿（基房）に譲与し直しており、それを再び良通に戻す意向であったことがわかる。「一の人」とは「氏長者」という意味であろう。基房は、永万二年（一一六六）に兄基実に代わって摂政に就き、承安二年（一一七二）には関白に就いたが、治承三年（一一七九）一一月の政変によって平清盛にその職を追われ、基実の子基通に交代した。したがって最勝金剛院領の基房への譲与が行われたのは、基房が摂関に在った間であると考えていい。

「われし覧なといふ事ありとも、もちゐらるまし」などの文言から、聖子や兼実の周辺がこの悔還しを基房から無視される事態を心配していたことがわかる。そこで兼実は後白河院の権勢を恃み、「これらみ候ひぬ、このケんにはたれかはそかく申候へき」という勅報を得て、それを聖子の譲状に継ぎ加えて後の証拠にしている[7]。

ところが、聖子がこのように全幅の愛情と庇護を寄せていた良通が、文治四年（一一八八）二月に聖子の後を追うようにわずか二二歳の若さで早世したため、良通の遺領は父親の兼実が管領するところとなり、兼実によって処分されることになるのである。

（二）九条兼実による家領処分

兼実は生涯に二通の譲状を作成している。

一通目は元久元年（一二〇四）四月のもので、武蔵国稲毛本荘を奈良興福寺の大乗院に寄進した以外は、聖子の遺領を欠かすことなく次世代に伝えている。兼実は家領の性格について、その多くは相伝した官省符荘、もしくは寄進地を新たに立荘したものであると述べており(8)、聖子の譲状から一〇ヶ所ほど増えている所々が、この寄進地立荘によるものであろう。

兼実がこれらの家領を託したのは、良通の死によって嫡流が移った次男の良経ではなく、娘の後鳥羽院中宮宜秋門院任子であった。ただし、任子の死後は良経の嫡男道家に渡すようにという、一期知行の条件付きである。譲状末尾には、兼実と並んで良経も署名していることから、このような処分を良経自身も納得していたと考えられる。良経もまた、兄良通に続いて元久三年（一二〇六）に兼実に先んじて没することから、あるいはこのときすでに健康上の問題でも抱えていたために、兼実亡き跡の道家を案じ、任子を経由するという手段を講じたのかもしれない。

二通目の譲状は、元久元年八月に記された短いもので、備中国駅里荘、阿波国大野本荘・大野新荘の三ヶ所を良経に、加賀国小坂荘以下九ヶ所を御堂御前（故良通妻室）に、遠江国小奈御厨を竜姫御前（兼実弟兼房の娘）に譲与するという内容である(9)。このうち良経に譲った三ヶ所は、良経が兼実よりも先に死亡したことにより、再び兼実の管領するところとなって他の家領同様道家が相伝するが、他の二名に渡った一〇ヶ所には一期の但し書きがなく、九条家領には戻ってはいない。

以上見てきたように九条家領は形成されてきた。この時点では九条家領には「幡多郡」の姿はまだないが、これまでに挙げた譲状に記載がないとはいえ、兼実の代に「幡多郡」が九条家領に加わっていなかったとは言い切れない。

兼実は、これら二通の譲状を残して建永二年（一二〇七）に没するが、「幡多郡」が兼実の晩年、厳密には二通目の譲状が作成されて後、兼実が没するまでに九条家領に加わり、任子への伝領を経て次の道家処分状に姿を現したことは十分考えられるし、さらに任子の管領下にあった間に所領に加わったことも同様に考えられるからである[10]。

次に道家処分状を取り上げ検討する。

第二節　九条道家の家領惣処分と関東伝領地

（一）七名に対する家領分与

道家管領期の九条家領は、源実朝暗殺後の鎌倉幕府四代将軍頼経の実父として、且つ関東申次としての道家の権勢を背景に集積されたもので、おそらくは九条家領の歴史上最大であったと推測される。道家が死の二年前に作成した処分状に載る九条家領は、関係寺院の寺領以外の家領荘園だけでも一〇〇ヶ所を超えており、それらは七名の関係者に分与された。処分状記載順に宣仁門院、近衛家北政所、九条禅尼、内侍殿、前摂政、右大臣、姫君である。

宣仁門院とは、早くに没した道家の嫡男教実の娘で、四条天皇女御となった彦子で、故四条天皇御陵のある泉涌寺新御堂とその寺領の他に肥後国彼杵荘を譲られている。

次に近衛家北政所とは、近衛兼経の妻室となった道家の娘仁子のことで、讃岐国詫間荘・美作国大井新荘の二ヶ所が譲られている。

また九条禅尼とは、教実の妻室であり、彦子の母であり、後述する忠家の母親でもあって、家地として法性寺田中殿が与えられたことから田中禅尼とも呼ばれる。彼女には家領として最勝金剛院領の山城国曽束荘以下の一〇ヶ所が譲与されている。

内侍殿とは、やはり道家の娘で四条天皇内侍佺子である。彼女には家地として芬陀利華院、家領として河内国点野荘以下の一七ヶ所が譲られている。

前摂政とは道家の四男実経で、右大臣とは嫡孫忠家である。この両名には、実経が四男でありながらも特に道家に寵愛されたが故に、また忠家は九条家嫡流であったが故に、他の五名と比較して譲られた家領の数が多い。実経には「尤足伝領之仁」として、一条室町亭と山城国久世荘以下四〇ヶ所が、忠家には九条富小路亭と山城国東九条荘以下二六ヶ所が譲与されている。さらに、九条禅尼への譲与分一〇カ所のうち七ヶ所は一期の後に彦子へ、その後は忠家の息子への譲与が指示されており、佺子分も同様に、別当三位源雅光が寄進した四ヶ所以外は、一期の後に全て実経の息子に譲るように指示されている。(11)

最後に記された姫君とはどういう人物なのか判然としない。けれども「佺子殿奉同宿、可蒙彼御扶持」とあることから、この時点で佺子と同居し養われていた女子と考えられよう。この姫君には尾張国大県社と越後国白川荘の二ヶ所が譲られており、大県社には「件庄、関東尼二品、承久大乱之刻、所志給庄内也」と北条政子から支給を受けた経緯が付してある。

この二ヶ所には、姫君一期の後は子孫中で最も志ある人物に譲るようにという指示があるが、忠家の子忠教が徳治三年（一三〇八）に書いた譲状に、「粟生禅尼遺領大県社・白河庄」とあるものと同一であろうと思われる[12]。よって、姫君の死後は九条家領に加わることが順当と判断されたのであろう。またこの二ヶ所は、南北朝初期の九条家当主道教による家領目録案にも名を連ねていることから[13]、九条家にとって由緒ある相伝の地として先々に受け継がれていったと考えられよう。

(二)「女院方」と「新御領」

ところでこの七名のうち、佺子、実経、忠家の三名については、家領が「女院方」と「新御領」とに分けて記されている。

九条家領は前述のように、皇嘉門院聖子から兼実の長子良通に譲られた皇嘉門院領を基として、良通の死によって兼実が管領し、宜秋門院任子を経て道家に伝わった。したがって一方の「女院方」とは、祖父兼実から任子を経由して道家に伝領したもの、他方の「新御領」とは、道家の代になって新たに九条家領に加わったものと位置付けられているようであるが[14]、果たしてこの位置付けは妥当であろうか。佺子に分与された家領の中で、「新御領」に区分されている越前国足羽御厨を例に考えてみよう。

伝領の経緯の詳細は次節に譲るが、足羽《あすわ》御厨が九条家領となった経緯には二通りが考えられる。

一つは、源頼朝の姪にあたる道家の母が、父良経の妻室になったことによって九条家にもたらされたと考えられるもので、もう一つはやはり頼朝の姪で、道家母の姉妹である西園寺公経妻室が生んだ掄子が、道家の妻室となったことで九条家領に加わったと考えられるものである。[15] 仮に後者であれば、足羽御厨は明らかに道家の時代に新たに九条家領となったものとみなして差し支えない。しかし前者であるならば、当該期の九条家領は良経ではなく宜秋門院任子を経て道家に渡っていることから、「女院方」に区分されて然るべきであろう。こうした背景を考慮するなら、「新御領」とは必ずしも道家の代に集積された家領とは限らないと考えなければならない。

足羽御厨もまた、「幡多郡」同様に兼実の元久元年四月、八月のいずれの譲状にも載っておらず、道家処分状において初めて登場するが、家領の相伝は譲与者が晩年に作成する譲状によるものだけではない。[16] 加えて家領の相伝は現代における所有権移転と同義ではなく、譲状の作成を機に家領におけるすべての権限が一時にして次の世代に移るわけでもない。したがって個々の家領の管領において、どこまでが兼実の代であり、どこからが道家の代であるのかを厳密に区別することは困難であるが、想像をたくましくするなら、道家は「女院方」を文字通り任子を最終相伝者として自らに伝えられた所々に限り、それ以外に祖父兼実や父親の良経から個別に相伝した所々は、たとえ道家以前に家領の一角を占めていたとしても「女院方」とは区別したとも考えられるのである。

すなわち道家は家領を区分するにあたり、九条家に伝領した時期ではなく任子を経ず直接に自分に渡ったという意味において、自身の「新御領」とみなした可能性が指摘できる。したがって「新御領」の集積時期を道家の代に特定するのは早計であり、その誕生以前にまで範囲を広げて検討する必要があろう。

また佺子、実経、忠家の三名には、

或有相伝寄進地、無殊咎者不可被改易、但偏年貢懈怠過法、忽緒下知者非其限、自関東伝領地、当時預所皆是給恩也、於勤厚之輩者可有抽賞、於不法懈怠者、早可被改易所帯、（右線強調は筆者、以下同様にて略）

という指示があり、九条家領の中には「女院方」と「新御領」という区分以外にも、「有相伝寄進地」と「自関東伝領地」という別の区分が存在していたことがわかる。「自関東伝領地」には九条家給恩の預所がおり、不法懈怠の場合はすぐに交代させるよう指示がなされているのも三者同様である。さらに忠家と実経に関しては、

抑子孫中不経大位、混凡庶之時者、不可相伝、可附家長者、但於前関白子孫者、縦雖有其仁、莫交此家領、女院方領幷関東領之外、非沙汰限、

という指示もあって、女院領でも関東領でもない所領の存在に触れ、その所領のみは義絶した次男良実の子孫への伝領を認めている。

こうした指示を見ると、道家は譲与にあたり「女院方」と「新御領」という区分と、「有相伝寄進地」と「自関東伝領地」というもう一つの区分を全て解き放ち撹拌したうえで、改めて「女院方領」「関東伝領地」「その他の所領」に区分し直していたと考えられ、これらから道家の惣処分時点での九条家領の伝領の経緯は、

①藤原忠通以降代々が相伝し、宜秋門院任子を最終相伝者として道家にわたった由緒ある地
②関東からの伝領地
③それ以外に寄進等によって九条家に集積された地

という三種類におおまかに整理できるのである。

①は「女院方」とほぼ重なると考えられる。②は「関東伝領地」として、また③は「女院方領幷関東伝領地之外」として、共に「新御領」を構成していると考えていい。「幡多郡」はここにようやく実経の「新御領」として登場する。したがってこの家領の伝領の経緯は②あるいは③のいずれかに該当すると考えられ、且つその伝領時期は兼実の時期にまで遡って考える必要があるということになろう。

(三)「自関東伝領地」

実経が相伝した「幡多郡」という家領名が正式に記されたのは道家処分状が初見であり、それまでの経緯を掴むことが困難であるが、九条家嫡流を継いだ忠家は、後年の遺誡にこの家領を「関東伝領之地、土州幡多郡」と記しており[17]、これが「幡多郡」の伝領経緯を示す唯一のものである。忠家はこの遺誡で、自身が相伝した播磨国佐用荘についても同様に関東伝領地と呼んでいることから、忠家周辺の人々の間では、二ヶ所は等しく関東からもたらされたものと認識されていたことがわかる。

この時代の公家が関東という時には、それが鎌倉幕府を示すことは自明であるが、道家は「関東伝領地」について大略次のように述べている。

> 鎌倉故右大将頼朝卿、以没官領廿箇所、伝与姉妹二位入道能保卿妻室、其後申下　宣旨、附属諸子、高能卿幷嫡女(小僧母儀)・華山院右府室・故西園寺入道室伝領、于今知行、入道大納言以彼因縁下向関東、継其跡、件庄々、或尼二品、義時朝臣、泰時朝臣等、相計所志与也、何可有牢寵哉、近即故太政入道、同有関東伝領庄々、悉以処分諸子、尤足准拠歟、

これを整理するならば次のようになろう。

（ⅰ）治承・寿永の乱後、源頼朝が手にした平家没官領のうち二〇ヶ所を、一条能保の妻室となっていた頼朝自身の妹に譲与し、その後二人の間の子である嫡男高能と娘の道家母・華山院定雅妻室・故西園寺公経妻室（道家の妻室掄子の母）の四名に分与され、それを今も知行しているもの。

（ⅱ）道家の三男頼経が鎌倉幕府の将軍となるべく関東に下向し、それを機に北条政子・義時・泰時等が志として道家に支給したもの。

（ⅲ）また兼実にも幕府から給付された諸所があり、兼実はそれらを全て諸子に分与した。

このうち、（ⅰ）の一条能保妻室の遺領二〇ヶ所については、建久三年（一一九二）一二月一四日に能保から鎌倉に届いた頼朝宛ての書状によってその詳細がわかる。摂津国福原荘・武庫御厨・小松荘、尾張国高畠荘・御器所松枝領、美濃国小泉御厨・帷荘・津不良領、近江国今西荘、粟津荘、播磨国山田領・下端荘、大和国田井・兵庫荘、丹波国篠村領、越前国足羽御厨、肥後国八代荘、備後国信敷荘・吉備津宮、淡路国志筑荘である[18]。

能保の書状は、二年前に難産で没した妻室の遺跡を、高能をはじめとする四名の子女に譲ることについて、朝廷の許可が下りたことを知らせるものであった。頼朝がもたらした諸所を四人の子女に分与するに際して宣旨を要したのは、あるいは家領保護のために朝廷の権威を恃んだためであろうか。またあるいは、鎌倉期においては荘園の安堵の権限は朝廷のみが有する特権であったことから、分与に際し改めて安堵を求めたのであろうか。

このうちの越前国足羽御厨の九条家への伝領については、「新御領」をめぐる先の検討の中で触れたように二つの可能性が考えられる。その一つは、能保の四名の子女のうち道家の母に相伝され、彼女が父良経の妻室となったことによって九条家領に加わったというものであり、もう一つは、西園寺公経妻室となった道家母の姉妹に相伝された後、さらに娘の掄子に相伝され、掄子が道家の妻室になったことによって九条家領に加わったというものである。この一所は、道家の惣処分によって娘の四条天皇内侍佺子に譲られた所々に含まれており、一期の後には実経の子息に譲るようにとの道家処分状の指示に従い、後に一条家領に加わったものと考えられる。

（ii）については北条義時以下の書状等が残っている。

道家の三男頼経は、実朝暗殺後の承久元年（一二一九）六月に鎌倉に下ったが、まず承久の乱後の承久三年（一二二一）八月、北条義時が尾張国大県社・丹波国和久荘・播磨国佐用荘の三ヶ所を九条家に給付することを通知した。

【史料―Ⅰ】

（端裏書）「［　　］案［　　］之事」

尾張国大県社元卿二品家沙汰

丹波国和久庄元信久

播磨国佐用庄元坊門大納言家

以上三箇所、可為御領候、有領家之所々於御辺無便候、此所々者、無其儀候、且不補別地頭、一向被献候也、後白河院法華堂・最勝四天王院寺領者、御沙汰不可有憚候、兼又国々守護人各為存知、直被下知候了、此上可被成下政所下文候由所候也、便宜之時、以此旨可令披露給候、義時恐惶謹言、

承久三
八月二日　　　　　　　陸奥守義時上在裏判
進上　土佐守殿[19]

この三ヶ所はいずれも、領家としての年貢の責務のない九条家の一円領という、将軍の父親に対する手厚い待遇である。大県社は頼朝の遺領となっているが、後に道家が北条政子の意思により給付されたものとして幼少の姫君に譲り、姫君没後に九条家領に戻ったことは先に述べたとおりである。この大県社については、永仁六年（一二九八）にも北条宣時・貞時が連署で安堵の御教書を発給している[20]。

和久荘は「元信久」とあり、佐用荘には「元坊門大納言家」とある。この坊門大納言が、承久の乱で上皇方についたため流罪に処された坊門忠信であるところから考えれば、和久荘・佐用荘共に承久の乱後に幕府が没収し、改めて道家に与えたものと考えてよかろう。和久荘は道家処分状の中にその名が見えないが、佐用荘は忠家に譲った二六ヶ所の「新御領」に含まれており、後に荘務を止められ没収されているのが知られる[21]。

次いで仁治元年（一二四〇）一一月、将軍頼経の意向であるとして、北条泰時によって摂津国井門荘・筑前国三奈木領が九条家に給付された。

【史料―Ⅱ】
摂津国井門庄・筑前国三奈木領等者、一向当家領候、而所令進　禅定殿下御領候也、以此旨可令申上給之由、
鎌倉前大納言殿御消息候也、仍言上如件、泰時恐惶謹言、

仁治元年十一月一日　　前武蔵守平泰時

進上　修理太夫殿[22]

右にあるように、この二ヶ所も承久三年の給付時と同様、九条家の一円領という厚遇である。三奈木領は道家処分状では三奈木荘となっており、東福寺領としてその地利をもって住侶の資粮に充てるため、長老の管領の下に置くように指示されている。三奈木荘は、貞和三年（一三四七）の「東福寺諸庄園文書目録」にもその名を留めており、東福寺が寺領として一向管領していることがわかる[23]。もう一方の井門荘は道家処分状には見えないが、同時期に忠家宛に別途作成された道家と妻室掄子の連名の処分状に載っており、「摂津国井門庄関東」と行間に補入されて、「件所書落了、仍書入之」の裏書と道家の花押がある[24]。

（iii）については、兼実も関東伝領地を諸子に分与したとあるものの、前述したように兼実自身は、家領の多くは相伝の官省符荘および寄進地であると譲状で述べるにとどまっており、詳細は不明である。

しかし、九条家の正応六年（一二九三）文庫文書目録には「関東」と題された項目があり、ここに佐用荘・井門荘と並んで、兼実が元久元年八月譲状で良経に譲与した備中国駅里荘の名前がある[25]。兼実は当該譲状で、駅里荘の概要を「祖母尼公領也[26]」と記しているため、この荘園と鎌倉幕府との関係性が判然としないが、もともと九条家領であったものに、後日幕府から何らかの権利の付与があったのであろうか。

さて、問題の「幡多郡」はこのいずれにも姿を見せない。上述したような小所の荘園の支給にさえも、北条義時、泰時等の書状が存在することを勘案するなら、それよりはるかに大きい一郡という単位を想像させるこの家領の支給に、書状の類が一切見当たらないのは不自然であるとは言える。

忠家が何を根拠にしてこの家領を「関東伝領之地、土州幡多郡」と呼んだのか不明であるが、あるいは北条義時が承久三年の書状で、国々の守護に対する直接の下知を許した後白河院法華堂領と最勝四天王院領の中にこの家領が含まれていたとも考えられ、またあるいは駅里荘に見られるように、すでに家領であった「幡多郡」に幕府から何らかの権利が付与・支給されたのかもしれない。

今のところ、鎌倉幕府とこの家領との関係性を示すものは忠家の遺誡草案のみである。したがってここでは、詳細が不明ではあるが、少なくとも道家の子息や孫世代の年代までは、この家領は鎌倉幕府からの支給地であるという共通の認識を持つに足る一所であったと述べるに止めたい。

第三節　土佐国「幡多郡」という存在形態

(一) 道家の家領処分時点の「幡多郡」の構造

次にその「幡多郡」の中身について考えてみたい。

本章冒頭で述べたように、道家処分状における「幡多郡」の記載の後には、本荘、大方荘、山田荘、以南村、加納久礼別符という五ヶ所の荘園名が記されている。『荘園志料』にはこの五ヶ所について、「本荘又本郷とも云ふ、荘の基地なり、大方は和名抄幡多郡大方郷の地、山田は同山田郷の地、以南は同鯨野郷の地なり」とあるが久礼別符については言及がない[27]。久礼別符は加納地であり別納地であるので、「本荘」と「加納」の関係から言えば、まずは本荘の住民の公領への出作地と考えるのが順当であろう。

『中村市史』の比定によれば、(28)本荘は四万十市の中央部（旧中村市街地）とされている。土佐国西南部では貴重な平野部である幡多平野の中央部分にあるだけでなく、大規模な建物群が検出されることから古代・中世前期の官衙関係遺跡とみられている具同中山遺跡が近くにあり、おそらくはその名の示す通り五ヶ所の中では中心となる存在であったと考えられる。

大方荘は、四万十市東部の海岸部に位置する黒潮町入野・大方あたり（旧幡多郡大方町）、山田荘は宿毛市山奈町山田を中心とした地域に比定されている。山奈町は幡多平野を東西に流れ、南北に大きく蛇行しながら土佐湾に至る四万十川下流に西から合流する中筋川の中流域に位置する。

また以南とは、古代・中世では幡多郡の西南部、現在の土佐清水市辺りを指すが、以南村とあることからはそのような広大な地域ではなくかなり狭い地域であったとし、現在の土佐清水市の全域にあてることには問題があるとしている。

『中村市史』は加納久礼別符について、幡多郡に東接する高岡郡中土佐町久礼を、太政官の別符を得て出作地として編入したものと説明するものの、この久礼は他の四ヶ所の中で一番近い大方荘からでも遠く離れていることから、そのような遠隔地を加納地として編入した事情は不明としている。久礼は本荘の比定地からとなると直線距離でも四〇キロ以上、一番近い大方荘からでも三〇キロ近くも遠方にあり、『中村市史』の解説の通り、このような場所に出作が可能であったとは通常は考えられない。

一方、『高知県史』は古代の郡郷を比定する中で幡多荘に言及し、『荘園志料』とほぼ同じ比定を行っている。(29)

古代土佐には七郡四三郷が置かれていたが、このうち幡多郡には五郷が設置されていた。【表一―Ⅰ】を見ると、土佐東部の安芸郡・香美郡・長岡郡に多くの郷が設置されているのとは異なり、中部・西部の土佐郡・吾川

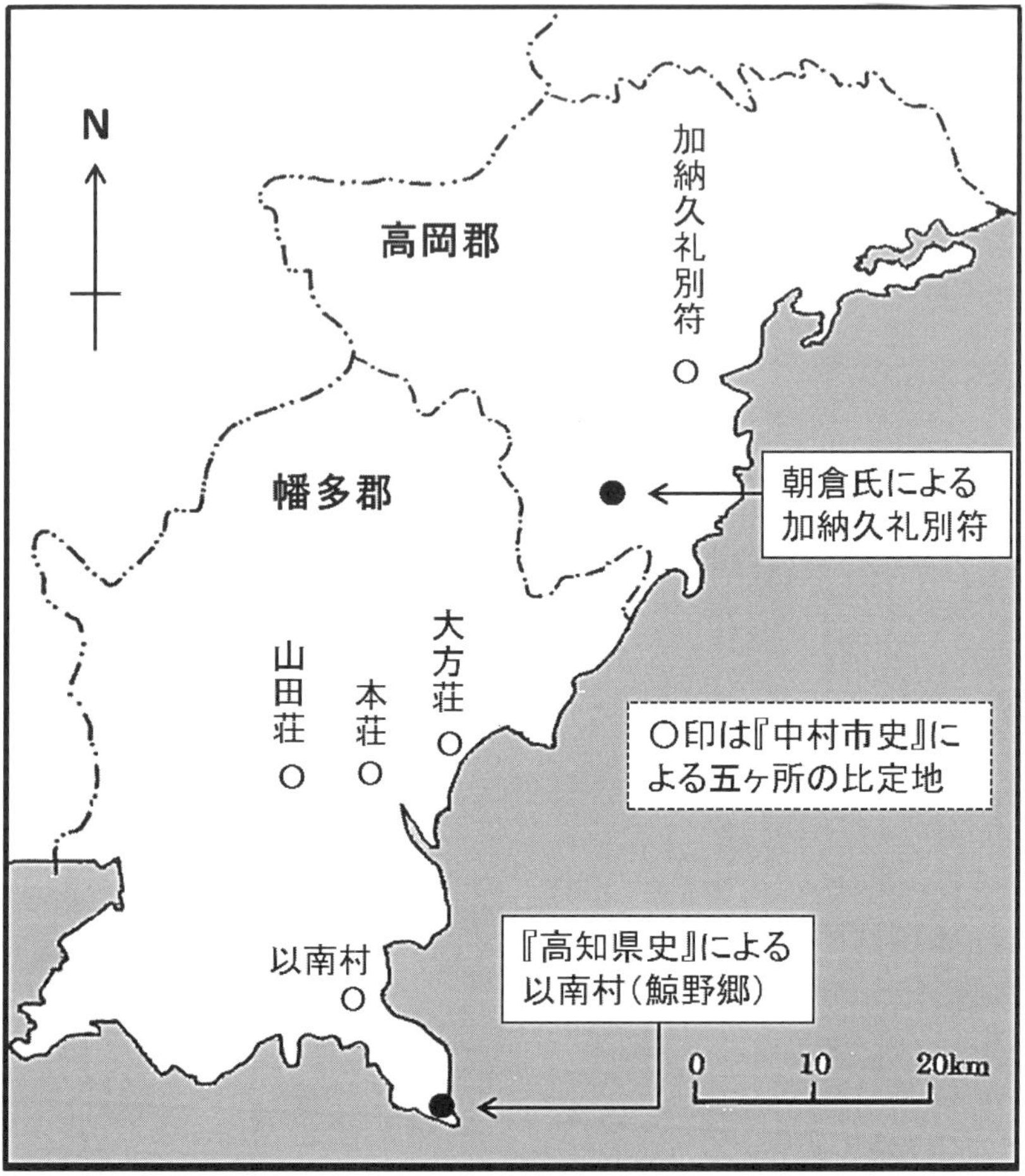

【図一―Ⅰ】五ヶ所の比定地（郡境は明治期行政区画による）

【表一―Ⅰ】『倭名類聚抄』による土佐国の郡郷

郡　名	郷数	郷　　名
安芸郡	8	奈半・室津・安田・丹生・布師・和食・黒鳥・玉造
香美郡	8	安須・大忍・宗我・物部・深淵・山田・石村・田村
長岡郡	9	登利・埴田・宗部・江村・大角・片山・気良・篠原・大曾
土佐郡	5	土佐・高坂・鴨部・朝倉・神戸
吾川郡	4	仲村・桑原・大野・次田
高岡郡	4	高岡・吾川・海部・三井
幡多郡	5	大方・鯨野・山田・牧田・宇和

郡・高岡郡・幡多郡には設置された郷が少ない。これらから土佐国の耕作地に適した土地は多く東部に広がっており、公領は国の東部に活発に開発されたことがわかる。

『高知県史』は、先の五ヶ所のうちの本荘・大方荘・山田荘・以南村について、それぞれ古代の宇和郷・大方郷・山田郷・鯨野郷を当てている。このうち本荘・大方荘・山田荘の比定地は『中村市史』と大差ないが、以南村の比定地とした鯨野郷に関しては、「鯨」の文字がかつて伊佐と訓じたことから、土佐清水市伊佐を中心とする地域と限定し、「中世には一条氏の荘園である幡多庄の一部をなし、以南村といわれたようである」との解説を行っている。

五ヶ所のうちの四ヶ所までが幡多郡に設置された郷に比定されるとなれば、これら五ヶ所は元々は公領として開発されたものが荘園化したと解するほかない。もっとも鯨野郷に比定された土佐清水市伊佐地区は、足摺岬の先端に建つ金剛福寺周辺の傾斜地にある小村であり、そうした地域に一郷五〇戸の設置が可能であったかどうかは判然としない。

残る加納久礼別符に関して、『高知県史』は「別勅によって得た久礼地域」として、『中村市史』と同様の見解を示しているが、この地に関しては、久礼から二〇キロほど幡多郡に寄った高岡郡四万十町仁井田を指すとする朝倉慶景氏の説もある。[30]朝倉氏は、正安二年（一三〇〇）一一月に、一条家から足摺岬金剛福寺に下行された奉加米七〇石が家領内の一一ヶ村に割り当てられた際、その中に仁井田山という村名があることに注目し、この仁井田山が久礼別符に相当するのではないかという見解を示した。確かに、仁井田山以外の一〇ヶ村がそれぞれ五ヶ所の荘園名のうちのその他四ヶ所の中にあることから、その可能性は高い。現在では朝倉氏の説が多く支持されているようであるが、仮にそうであったとしても他の四ヶ所からは遠方過ぎ、なぜそのような場所に出作が可能であったのか判然としないのは同じである。

このように、地名の比定からは、五ヶ所のうちの一ヶ所が幡多郡にではなく高岡郡にあり、残る四ヶ所が幡多郡にあったらしいという理解は得られる。とはいえ、なぜそれらがまとめて「幡多郡」の後に記されているのか、それら五ヶ所が「幡多郡」とどのような関係性を持つのかという、道家処分状に追記された五ヶ所に関する基礎的な疑問についての分析としては十分ではないと言えよう。

また、この五ヶ所のうちの本荘・大方荘・山田荘の三ヶ所は、道家処分状と同時期の現地の文書・記録では、それぞれ本郷・大方郷・山田郷のように郷名で記されており[31]、道家がどのような根拠に基づいてこれらを荘園名で記したのかは全く不明である。

一つ言えることは、【図一―Ⅰ】に明らかなように、この五ヶ所はすべて幡多郡の南半分と高岡郡南部のいずれも平野部・海岸部に位置しており、北部に広がる山岳地域にまで及んでいるとは想定し難いという点である。したがって、この五ヶ所は幡多郡を五分割する単位ではなく、九条家領「幡多郡」とは郡域としての幡多郡と同一では決してない。道家の家領処分時点での「幡多郡」は、幡多郡内の四ヶ所の荘園と高岡郡の一ヶ所の加納地を含み、さらにそれ以外のもの、おそらくは周辺の国衙領をも含んだ曖昧な範囲であって、九条家のこの家領に対する認識は、かなり漠然とした観念的なものであったと考えなければならないのではなかろうか。

(二) 地頭職か本家職か

それにしても鎌倉幕府が九条家に対し、個々の荘園ではなく郡という単位を与えるということをどのように解するべきなのか。それは寄進か、それとも何かの義務の反対給付として支給したものか。それによって九条家がこの家領に有した権限はいったいどのようなものか。

「幡多郡」とあるからには国衙領に関する権限であると思われるが、鎌倉幕府が一郡を給付する形としてまず考えられるのは地頭職である。それも、文治元年（一一八五）に源行家・義経の追捕を名目に、源頼朝の奏請によって諸国に一国一人の単位で任命され、段別五升の兵糧米徴収の権限を持った国地頭ではなく、各地の荘園・公領に設置され鎌倉時代を通じて存在した荘郷の地頭である。

これを考える上で参考になるのが、次の事例であろう。

文治元年一一月、頼朝は土佐国吾川郡の地頭職を京都六条の左女牛若宮に給付し、大江廣元の弟である別当季厳阿闍梨の沙汰に任せた(32)。吾川郡では大番役以外の公事が停止されて、その大番役の勤仕も季厳の沙汰とされ、それを受けて土佐国守護佐々木経高が徴集するという扱いとなっていることから(33)、地頭とはいえ季厳は吾川郡に対して、ある意味守護よりも上位の権限を与えられていたことになる。けれども、季厳は左女牛若宮の別当として在京しており、年貢の徴収や進納、検断及び下地の管理等といった、地頭としての職務の実際の担い手は現地に頼むほかないことを考えれば、季厳は現地から京進される得分だけを受け取っていたことになる。

季厳に給付されたのは郡地頭職であるから、寄進されたのは国衙領に関する権限である。ただしこの場合、吾川郡とはあるものの郡全体ではなく、寄進されたのは吾川郡四郷のうち南部に位置する大野郷・仲村郷のみであった[34]。それでも寄進を受けた側の季厳にしてみれば、支給されたのはあくまで吾川郡に違いなく、左女牛若宮は頼朝の寄進状を支証として、後々まで所領目録に宮領土佐国吾川郡を載せている[35]。

鎌倉幕府から九条家に支給されたのは、たとえばこのような種類の権利であろうか。

嘉禄二年（一二二六）一〇月、菅原為長が道家の勘気に触れ、「土佐之波多」を召し上げられるという事件が起こっており、為長が波多（幡多）に対してそれまで有していた何らかの権限を、道家が取り消していることが知れる[36]。前節で見たように、鎌倉幕府が九条家に給付した所々は、多く領家としての年貢の責務のない一円地である。また道家処分状にも、「自関東伝領地」の預所は九条家の給恩であることが明記されている。よって、この時道家が取り上げた為長の権限は、おそらくは「幡多郡」の預所のような地位であろうと推察する。

預所は主に荘園領主が設定する荘園支配の拠点として、多くは本家―領家という重層的体系が成立する寄進地系の荘園に見られ、荘園領主の腹心の部下が送り込まれる。しかし、為長は紀伝道を家業とし、文章博士も務めたほどの文人であり、現地で実際の荘務に服したとは考えられないことから、道家が取り上げた為長の権限は、京都にいても保持していられる種類のものということにならざるを得ない。そうすると、為長が取り消されたのは「幡多郡」から京進される得分であり、季厳と吾川郡との関係同様、現地での職務の実際の担い手は別にいたことになる。

この預所の管轄が「幡多郡」であるということなら、その人物は国衙領をも含めた範囲を職域としていた可能性が考えられる。すなわちこの預所は、いわゆる国司遙任の制度の下での留守所、あるいは国衙の管理下にある郡衙のようなものと考えられ、単なる荘園支配の預所の権限や荘郷地頭の権限を越えた行政権を有していたのではなかろうか。九条家が有していたのは、そうした実際の預所から京進される得分を受け取るという権利だったのではないかと考えられるのである。

九条家から「幡多郡」を引き継いだ一条家は、当然のことながらこの家領についての認識も得分も引き継いだはずである。ただしその認識とは、この家領が幡多郡内の荘園四ヶ所と国衙領を含み、さらに高岡郡の一部にも及んでいるという多分に漠然とした、且つまた観念的なものでしかなかったであろう点は注意する必要がある。さらに受け取っていた得分それ自体が、家領土佐国「幡多郡」を意味していたという点も踏まえる必要がある。

時代は降るが、一五世紀後半の東山文化をリードした一条兼良が、文明一二年（一四八〇）に執筆した『桃華蘂葉』という有職故実書にも、この家領は「土佐国幡多郡」と記されている(37)。兼良は初代実経から数えて七代目の一条家当主であるが、道家の家領処分から二三〇年が経過しているにも拘らず、兼良もまたこの家領を「幡多郡」として認識しており、道家の分与以降、この家領を「郡」とする認識が、一条家代々の当主に受け継がれていたことがわかる。

それのみならず、兼良の息子で興福寺大乗院に入室していた尋尊は、その詳細な日記の中で土佐国の守護を「細川・一条殿」と記している(38)。この記載は前後の脈絡なく、単に諸国の武家、あるいは公家の苗字が国ごとに羅列されているだけのものであるが、その多くが一国一名しか記載されていないにも拘らず、伊勢国には北畠・土岐・一色の三名が、近江国には六角・京極の二名が記されている。伊勢国・近江国は、国内における権限が複数に分かれているというような認識を尋尊が持っており、それがこのような記載になったものと解されよう。

この記述は、尋尊の兄教房が「幡多郡」に下向し、在荘を続けている状況で記されたものである。一条家一門に連なる尋尊は、土佐国のうちに守護細川氏の管轄外地域があり、そこを一条家が管領しているという認識を持っていたのであり、その管轄地域が「幡多郡」を指しているのは間違いないところであろう。尋尊は、その地では一条家が守護と同様の権限を保持していると考えていたのである。

尋尊が何を根拠としてこのような認識を持つに至ったのか判然としないが、これはおそらく畿内に住む一条家一門の共通した認識ではなかったか。戦国期に至っても一条家がこの家領を「郡」と捉え、教房を守護と同様に見ていたということは、中世を通じてこの家領について一条家が持っていた、あるいは持っていると考えていた権限を考察する重要な手掛かりになるのではなかろうか。

おわりに

本章では、主に道家処分状の記載を材料として、九条家領「幡多郡」の伝領時期や経緯について検討してきた。以下はその結果のまとめである。

①九条家領「土佐国幡多郡」は、道家惣処分状に登場するのが史料上の初見であり、処分状では「新御領」に区分されていることから、これまで道家の代に家領に加わったものと一定規定されてきた。しかしながら、道家以前に九条家領に加わったと考えられる荘園についても「新御領」に区分されているものがあり、伝領時期だけでなく道家自身に伝わった経緯も区分の要因になった可能性が指摘できる。したがって「幡多郡」も「新御領」に含まれているとはいえ、集積時期については道家以前を範囲に入れる必要がある。

②その「幡多郡」は、支証となる文書の類が見い出せないにも拘わらず、九条家一門の間では鎌倉幕府からの支給地であると認識され続けてきた。幕府が一郡を支給するという形で考えられるのは郡地頭職である

が、一方で道家処分状には、家領名の後に五ヶ所の荘園名が記され、九条家給恩の預所の存在が知られており、この家領の性質が国衙領であるのか荘園であるのかが客観的に理解し難い。加えて、この五ヶ所は幡多郡を五分割する単位ではなく、そのうち一ヶ所は高岡郡にあったと考えられる。このことから、九条家が認識していた「幡多郡」という家領は郡域と同一ではなく、荘園とその他を含み、高岡郡の一部をも抱え込んだ範囲であって、それは漠然とした、且つ多分に観念的な認識であった可能性が高い。そのような九条家の認識は一条家に引き継がれ、戦国期に至るまで一門の間で共有され続けた。

このように、一家の権限が個々の荘園にではなく一郡に及ぶという彼らの認識からは、この家領の伝領およびその特質について、通常の荘園とは異なる形態を想定する必要があるだろう。すなわちこの家領は、実際の荘務は現地機関に委任したまま、自らは京進された得分を得るのみという形態をとる。その一方で、譲受者はその地に対し一国の守護と同等、あるいはそれよりも上位の権限を持つという認識を生じさせるものなのである。

このありようは、寄進や給付・相続といった一般の荘園の集積のあり方とは形の違うものであり、道家処分状の検討において三種類に区分された伝領の経緯以外に、第四の区分の存在があった可能性を検討する必要があるように思われる。九条家・一条家の認識を勘案するなら、両者とこの地との関係性を、単なる荘園領主とその家領という一元的なもので捉えるべきではない。

そのためにも、改めて問題にしなければならないのはこの家領の中身である。

第一には、道家処分状において「幡多郡」の後に記された五ヶ所の荘園名と家領との関係性である。この五ヶ所が各々一個の独立した荘園であるなら、処分状には他の家領と同様に、土佐国本荘・土佐国大方荘のように国名と荘園名が記載されるはずであろう。事実、道家が処分した家領の中で土佐国にもう一ヶ所ある安芸荘は、「土佐国安芸庄」と記されており、本章冒頭でも述べたように郡名で記された家領はここ以外にない。郡名と五ヶ所はやはり一体のものとして意味を持つものと考えられる。ただし、本文でも触れたように、当該期の現地の史料では、これらの荘は本郷・大方郷・山田郷のように郷名で記されていることを考慮するなら、道家が処分状に記した五ヶ所の荘園名自体が、道家の漠然とした観念的認識の産物である可能性が強いと考えられる。改めて、五ヶ所についてのさらなる実証的検討が必要であると考える。

次いで、そうした家領の経営は誰によってどのように担われていたかを考える必要がある。現地機関として実際の荘務の担い手が存在していたのは明らかであり、「幡多郡」内の組織はどのように構築され運営されていたのだろうか。

第三には、この家領以外の地は一体何かという疑問である。家領の領域が幡多郡の郡域と同一でないということは、それ以外の地域は一体どのような権力によって統括・管理されていたのか、という新たな疑問が提示されたということでもあろう。そうした地域は、この家領とどのように対立もしくは共存していたのだろうか。そして九条家・一条家はそのような状況の何に関わっていたのか、いなかったのか。

先に指摘したこの家領の伝領経緯と鎌倉幕府との関係性の解明とも併せ、こうした基礎的な疑問に対する詳細な検討を行う必要がある。

注

（1）建長二年一一月日「九条道家初度惣処分状」（『九条家文書』五―（一）号）。家領名は「幡多郡」のようにカッコで括り、郡名の幡多郡と区別する。以下、この処分状からの引用は出典を省略する。
（2）『角川日本地名辞典　39　高知県』角川書店、一九八六年。
（3）竹内理三「講座日本荘園史　第三〇講―荘園と貴族（六）―」（『日本歴史』第一五一号、一九六一年）、および「講座日本荘園史　第三一講―荘園と貴族（八）―」（『日本歴史』第一五二号、一九六一年）。飯倉晴武「九条家領の成立と道家惣処分状について」（『書陵部紀要』第二九号、一九七七年）。
（4）元久二年五月一七日「太政官牒」（『九条家文書』一六〇八号）。
（5）前掲注（3）竹内「第三〇講」論文。
（6）治承四年五月一一日「皇嘉門院御処分状」（『天理図書館善本叢書　和書之部』第六八巻、二一〇―イ七七―四号、天理大学出版部、一九八六年）。文書の原本は天理大学図書館が所蔵し、重文に指定されており閲覧不可である。ここでは同大学が編集・発行した『善本叢書』に掲載されている影印を使用した。かつて竹内理三氏が前掲注（3）の論文でその一部を紹介している。
（7）前掲注（6）の影印を見ると、後白河院の勅報は皇嘉門院聖子の処分状に継いであり、さらにそこに「養和元年九月廿日自女院被経　院奏之勅報也、即端続加之了、後代亀鏡何事過斯哉、可神秘々々」という九条兼実の一筆が貼りつけられている。
（8）元久元年四月二三日「九条兼実惣処分状」（『天理図書館善本叢書　和書之部』第六十八巻、二一〇―イ七七―五号、天理大学出版部、一九八六年）。原本の所蔵及び竹内氏が論文で紹介した経緯は前掲注（6）と同様である。
（9）前掲注（8）文書。影印ではこの元久元年八月二三日の処分状は、四月二三日の処分状の後ろに継いであり、元々は別々の文書であったと考えられるが、『善本叢書』では四月二三日の処分状と併せて一体とし、「元久元年四月二三日九条兼実惣処分状」という文書名で掲載されている。
（10）建長八年八月二五日「九条家重書目録」（『九条家文書』一四九九号）。目録には複数の譲状の存在が記されているが、その中の一通に、「一通　御譲文在女院御書、又表紙以禅定殿下御筆被載子細　嘉禄三年一一月一六日」とあり、道家が表紙を付けていることが知られる。このことから、当該譲状が任子が道家に譲与した際のものであると思われる。しかし任子の譲状は目録に存在が載るのみで本文がなく、個々の詳細に関しては判然としない。

(11) 忠家は佺子に対する道家のこの指示を不満としており、管領寺院をめぐる実経との相論の際に、道家処分状に「御一期後、可譲給前摂政子息、於其仁者、遂先途可登大位仁也、於凡庶人者不可伝之」と記されていることを挙げ、佺子からの譲与時には実経の子息家経はまだ幼く、大位に昇るかどうかが不明であったとして、佺子の遺領を一条家が独占する不条理を訴えた。佺子は、道家の指示がなかった残り四ヶ所については実経子息ではなく忠家に譲っており、その譲状は代々の九条家当主譲状の目録に「内侍殿御譲状」として載っている。年月日不明「九条忠家陳情案」(『九条家文書』一―(一)号)、正応六年三月一七日「九条忠教譲状」(『九条家文書』一八―(三)号)等。

(12) 徳治三年正月一日「九条忠教譲状」(『九条家文書』一六―(一)号)。

(13) 建武三年八月二四日「左大将九条道教家政所注進当知行地目録案」(『九条家文書』二三号)。

(14) かつて山本大氏は、この「新御領」について「道家の時代に荘園となりその所有に帰した」家領であるとみなした(「成立期の幡多庄」『日本歴史』第一六六号、一九六二年)。これ以降「新御領」の解釈についての議論は管見の限り見いだせないが、近年でも「新御領は道家の時代に新たに九条家の所領となったものと考えられる。」(東近伸『中世土佐幡多荘の寺院と地域社会』リーブル社、二〇一四年、「第一部　金剛福寺の勧進活動と地域社会」)のように、山本氏の見解は踏襲されている。

(15) 『吾妻鏡』建久三年一二月一四日条。

(16) たとえば皇嘉門院聖子・九条兼実の譲状に載る但馬国田道荘・御紙田の二ヶ所は道家の惣処分状では姿を消しているが、弘安八年(一二八五)一二月の但馬国太田文を見ると「本家一条殿(二代家経と思われる・筆者注)」として田道荘一五町・御紙田五町が載せられている(『続々群書類従』雑部一六)。これなども惣処分とは別個に道家から実経に渡ったものと考えてよかろう。

(17) 年月日不詳「九条忠家遺誡草案」(『九条家文書』一三号)。この文書は年月日・署名共にないが『九条家文書』では文永五年(一二六八)一二月二一日の文書の次に置かれている。正保四年(一六四七)に没した九条家当主道房の「右一巻一音院殿（忠家・筆者注）御筆也」という奥書と花押があり、この時代に整理され巻子にまとめられたものと思われる。
(18) 前掲注(15)。
(19) 承久三年八月二二日「北条義時書状案」（『九条家文書』一四九六号）。
(20) 永仁六年一〇月一二日「関東御教書案」（『九条家文書』一四九七―（二）号）。
(21) 前掲注(17)。ただし没収された佐用荘については、その領家職管領についての元弘三年七月二四日付「後醍醐天皇綸旨」（『九条家文書』五三四号）が残っており、没収は一時的なものであったことがわかる。
(22) 仁治元年一一月一日「関東御教書案」（『九条家文書』一四九八―（一）号）。
(23) 貞和三年七月日「東福寺領諸国庄園文書目録」（『大日本古文書家わけ第二〇　東福寺文書』三九八号）。
(24) 建長二年一一月日「九条道家処分状」（『九条家文書』五―（二）号）。この連名の処分状は、七名の関係者に処分がなされた惣処分状のうち忠家の部分だけを別途独立させたもので、書き落とされた井門荘を行間に入れた以外は前者の忠家分に記載されている内容とほぼ一致している。
(25) 正応六年三月一七日「九条家文庫文書目録」（『九条家文書』一八一二五号）。
(26) 前掲注(8)
(27) 清水正健編『荘園志料　下巻』角川書店、一九六五年、二〇九七頁〜二〇九八頁。
(28) 『中村市史』中村市、一九六九年、「第四章　幡多荘」。
(29) 『高知県史　古代中世編』高知県、一九七一年、「古代編　第一章第二節　大化の改新と律令政治」。
(30) 朝倉慶景「土佐一条氏と仁井田海岸地域の関わり（上）」（『土佐史談』第一八九号、一九九二年）。
(31) 『高知県史　古代中世史料編』に収録されている古文書では、一三世紀中葉に発給された一条家政所下文を中心とする令達の中で、宛所や地名が「幡多本郷」（「土佐国蠧簡集」一四号文書）、「山田郷平田村」（同じく一八号文書）、「大方郷内浦国名」（同じく二四号文書）等と記されている。これらの記載は前提となる解状に対応したものと考えられ、したがって在地では道家の処分状以降も本荘以下の荘園名は使用されていなかったのではないかと考える。また時代は下って、応仁期にこの家領に下向した一条教房も、下知に応じない在地の国人父子に対する篭名を奈良春日社に依頼する際に、彼等の名前を「大方郷内入野大和守藤原家元、同息子市正家則」と記している（『大乗院寺社雑事記』文明二年八月四日条）。これらから、道家が処分状に記した荘園名は、在地では本郷・大方郷・山田郷等の郷名で使用されており、それは戦国期まで続いたと考えられる。処分状における道家の記述自体が非常にあいまいな知識によっていたことがわかる。

（32）『吾妻鏡』文治元年一二月三〇日条。

（33）『吾妻鏡』建久三年一〇月一五日条。

（34）正長二年七月二日「醍醐寺方管領諸門跡等所領目録案」（『大日本古文書家わけ一九　醍醐寺文書』一四〇号）。

（35）康永三年一〇月日「六条若宮領正文目録」（『大日本史料』第六編之七）。

（36）『明月記』嘉禄二年一〇月一二日条。同年一月二七日条には「土州可為大将分之由示付、今夜任国司、経成、」とあり、当時土佐国は道家の知行国であったと考えてよかろう。ただしこれによると国司は藤原経成であり、為長が波多（幡多）に対するどのような権限を道家から与えられていたのかは不明である。

（37）一条兼良「桃華蘂葉」（『群書類従第二七輯雑部二六』所収、一九三一年）。

（38）『増補　續史料大成　大乗院寺社雑事記』臨川書店、一九七八年、文明九年一二月三〇日条。

第二章　所謂「金剛福寺文書」に見る「先例」とその効用
―正嘉元年一一月付前摂政家政所下文写の検討を中心に―

はじめに

幡多足摺岬に建つ蹉跎山金剛福寺は、中世にこの地域に立荘されていたとされる幡多荘の領主一条家とは「極めて緊密な関係性(1)」を構築していたと言われている。金剛福寺が所蔵する古文書からは、一条家が同寺に示した手厚い支援や特権の承認を通して、両者のそうした親密な関係性を如実に読み取ることができる。また、応仁期にこの家領に下向した一条教房の弟である奈良興福寺大乗院主の尋尊は、金剛福寺の法師が在荘中の教房からの書状を届けてきた様子や(2)、応仁・文明の乱を避け、成就院に居を移していた教房の父兼良に、院主宥雅が面会に来た様子を日記に記しており(3)、両者の関係性が戦国期に至るまで良好に保たれていたことが窺われるのである。

その一方で、土佐の荘園に関する史料は極めて乏しく、幡多荘に関しても、関係史料は所謂「金剛福寺文書」にほぼ限定されるという史料的制約を抱えている。このことは、同文書の持つ意味合いが、両者の関係性を示すだけに留まらず、幡多荘の構造・特質を考える上での貴重な基礎資料であることを示すものでもあると言えよう。

しかもそれらの古文書の内容を概観すると、代々の金剛福寺院主の譲状・置文や解状案等を除いたほとんどが、同寺が提出した解状・陳状に応える形で発給されたと考えられる、一条家政所下文を中心とした令達で占められているという特徴を持っていることに気付くのである。これにより同寺は、一条家政所の統括内に構造的に組込まれていた可能性があり、個々の文書に対する詳細な検討は、中世幡多荘における一条家の領有の実態を解明するための基礎的な作業としても位置付けられよう。

しかし、これらの個々の文書を研究の中心に据えて検討を加えたものはわずかであり、管見の範囲では、鎌倉期を対象として主に一条家政所の体制を論じた池内敏彰氏、文書に見える指示・承認から金剛福寺の勧進活動を論じた東近《とうちか》伸氏が挙げられるに過ぎない。

とはいえ池内氏の研究は、幡多荘が一条家領となった建長四年（一二五二）以降の鎌倉期を背景とした、「一条家による直務支配」を前提としている。いきおい文書に対する解説は、花押の人物比定による一条家政所の構成や荘園経営といった視点から行われており、文書の解釈は個々の文書の内容がそのままの形で取り入れられている(4)。また東近氏は、鎌倉期後半に金剛福寺が見舞われた三度の火災からの復興が、一条家の荘園支配に支えられたものであるとして、文書を編年的にたどって両者の緊密さを解説したが、文書の解釈については、これも池内氏と同様に、個々の文書の内容に全面的に依拠した記述に留まっている(5)。

公家様政所下文は、三位以上の公家の家の政所が家政に関し発給したが、本文の書止文言に「故下」「以下」を用いながらも、その直前に「…者」「所仰如件」等の文言が配せられていることが示すように、多く下文に引用した解状を追認する当主の意向を伝えるという形をとり、別当以下の家司が位書を連ねる。この点を考慮するならば、先に述べた文書に関する検討作業は、個々の文書の内容をそのままなぞるだけでは十分とは言い難く、政所下文を引き出した解状における金剛福寺の主張やその背景、および解状の中で謳われる故事の検証までも含めたものでなければならないと言えよう。

本章ではこうした視点に基づき、金剛福寺と一条家の関係性がどのように形成されたのかを明らかにするという目的のもと、下文に引用された金剛福寺からの解状に頻繁に登場する「先例」[6]をキーワードに、同寺と一条家政所との関係性を取り上げ検討するものである。

中世において先例は、何らかの決定を下す際の重要な基準として、極めて強い拘束力を持っていた。前々から続いてきたことが善きこととして踏襲される中世に、金剛福寺が示した「先例」が一条家にどのような影響を及ぼしたのか、またそれはどのような状況を背景として現出したのかを考察することで、一条家による幡多荘領有の在り方の一端を明らかにできると考える。

第一節　先例の始まり―金剛福寺と一条家―

（一）阿闍梨慶全が提示した故事と「先例」

正嘉元年（一二五七）四月日付「前摂政家政所下文写」（以下、「正嘉元年下文」と略記）は、金剛福寺と幡多荘領主一条家との直接的な関係性を示す文書の初見である。前摂政とは一条実経のことで、建長四年二月に父九条道家が没し、膨大な九条家領が七名の子女に分与された際に、幡多荘を含む四〇ヶ所が四男実経に譲与されたことにより、この家領が一条家政所の管轄となった[7]。

金剛福寺が火災に見舞われたのはそれから四年半後の建長八年（一二五六）八月二七日夜半のことで、同寺の阿闍梨慶全の解状に応えて発給された本下文は、「右、彼慶全解状偁」という書き出しに始まり「…者」に終わる慶全解状の引用が、本文の大部分を占めている。慶全は、金剛福寺にあって修造・復興の担い手として同寺の勧進を担っていた僧と考えられ、幡多荘領主一条家に堂舎再建の支援要請を行ったのであろう。慶全の主張の内容を知るために、長大ではあるが、全文を掲載することとする。

【史料—I】

上書如此
蹉跎御崎回禄時造営御下文案　正嘉元年四月

前摂政家政所下　土佐国幡多庄官百姓等

可早奉加阿闍梨慶全勧進造金剛福寺堂舎神殿等用途事

副下

御奉加御教書

右、彼慶全解状偁、謹案弘仁十四年正月十九日　天皇手印勅書偁、当山者是弘法大師現身證果之霊地、大権現能為作依怙之伽藍、成官符於四国、継法命於三会之霊場也、以千手観音而為其本尊、以三所権現而為大行事、忠仁公為上卿于時右近衛大将　聖皇帝凝　叡念已上勅書取意略抄　所以佛法僧宝之耀神威也、十方来之羅襟鐘、踵四百余歳之続恵命也、五相観之月影結跏、故老相伝曰、補陀落山化主三面千手観世音菩薩、毎日臨光於此寺云云、是以性空上人之拝生身也、於此證六根清浄之位、賀東行者之遂即往也、従此遷補奈落山之堺誠是佛法、相應人地相叶者哉、因茲弘仁聖主、奉免三昧供并修理料官米三百三十三石、贈国土之福田、致吏民之快楽、而時代推移、国吏陵怠、法性寺大殿当国御沙汰之時、率已旧例、寄進新免卅町免田是也、彼御寄進状永留于寺家矣、而田堵動対捍、地利漸減少、至于応保元年、令減定六町、是則当郡主宗我部氏滅亡之刻、止其沙汰云云、如是之間、禅侶失滄霞之便、堂社滅如雲之勢、山厨煙絶之朝、春日遅兮臨採蕨之飢、薜衣袂薄之節、秋夜長兮無禦寒之計、爰慶全当宿因之令、然有寺務之応、選香花燈明友欲絶之供、結草擔石興欲廃之勤、箇年中、去建長五年春三月比、重発起三重宝塔、添一寺粧厳之大願、唱知識於国中境外、営土木於傍庄隣郷、心愉念其功之難畢、身鎮労此願之不終、然間去年八月下旬七日至夜半之時刻、及不慮之火災、佛閣神殿悉作灰燼、道具宝器同火煙炎、而於本尊七躰者焔中相好無変、煙底尊容如旧、綷之奇特霊而亦異也、天災難遁、雖知時之爰審、佛意不測、誰弁寺之興廃、慶全始偏念宿願之不達、今重歎旧基之難複、倩案旧記、願西上人之時、如今回禄之刻、法性寺殿御時蒙卅町奉免、動八埏合力、纔数宇之営造、複一寺之其跡、我君殿下忝承彼御流、幸伝此本家温故知新之心、伝周且之遺美、継絶興廃之思、忝漢霍之昔風、夫護王法者佛法也、祐政道者神道也、今建立如来常住之佛閣、造営和光垂跡之神祠、上以祝堯日之聖運、中以祈□且之賢徳、百寮之泰平、四海之静謐、莫不識而頼之而已、然則遠相諧

聖皇之　叡念、遥相應大師之宿慮、佛種従縁起、可謂利物之再昌也、善根待時熟、何疑和光之重耀也、慶全至念此理、聊休其愁、蓋所以大聖利物、隠顕随時之故也、伏乞、任旧例下新恩、被助造営功者、隣国傍郷定守教命、将興善根、昔日　聖武天皇之開東大寺也、唱知識於八埏之民、恵遠禅師之建浄土堂也、遍勧進於十方之境、聖賢之所企、和漢不其尒乎、不耐懇念之至、粗勒子細謹請処分者、早可令庄内住人奉加彼慶全阿闍梨勧進造金剛福寺堂舎殿等用途料之状、所仰如件、庄官百姓等宜承知、勿違失、故下、

正嘉元年四月　日　　案主図書允紀景重

令散位藤原朝臣花押時重　　知家事中原

別当右大弁藤原朝臣花押高定　大従正親佑安倍花押親秀
主計頭清原真人花押頼尚
修理大寺大佛官左大史兼能登介小槻宿祢花押有家
勘解由次官兼中宮大進藤原朝臣花押高俊
散位源朝臣花押則長(8)
（右線強調は筆者、以下同様にて略）

慶全は、嵯峨天皇の勅により空海が創建したという金剛福寺の由来や、同寺に到来した上人の名前、嵯峨天皇・藤原忠通の寄進等、寺格を顕すにふさわしい故事を連綿と書き連ね、一条家に忠通の「先例」に基づいた堂舎再建の援助を乞うている。「金剛福寺文書」には本下文以外にも一条家から発給された政所下文が複数存在しているが、このような詳細な故事を示した解状を引用した長大なものは、本文書以外に見られないことから、この慶全解状が、金剛福寺が一条家に対して提出した最初の解状であると想定されよう。本状の検討に当たって二、三の点に触れておきたい。

①嵯峨天皇に金剛福寺創建を奏した忠仁公とは藤原良房のことで、実経の高祖父藤原忠通のさらに一一代前の高祖である。父は藤原北家の冬嗣、母は尚侍藤原美都子、妻は嵯峨天皇皇女潔姫であり、嵯峨天皇は良房にとって義父にあたる。慶全は良房が右近衛大将の時に金剛福寺創建の奏聞をなしたとするが、良房の右近衛大将就任は正三位に昇任した承和九年（八四二）正月であり、時の天皇は嵯峨より二代後の仁明で

ある。[9]すでに空海も承和二年（八三五）に没しており、慶全の示すこの故事は明らかに虚偽であると考えるほかない。『蹉跎山縁起』は仁和寺尊海によって享禄五年（一五三二）に記された金剛福寺の縁起であるが、[10]そこにも良房奏聞のことが寺の由緒として述べられている。しかし尊海は、土佐一条家初代房家の懇願により、金剛福寺院主となるために永正一八年（一五二一）六月に土佐に下向するまでは京住であったため、縁起の作成に当たっては、その時点で同寺が所蔵していた文書および同寺の院主による口伝を下敷きにするほかない。しかし尊海はさすがに、慶全が記したこの由緒をそのまま用いるのは不自然と考えたか、由緒を「嵯峨天皇弘仁暦、忠仁公、号白河大臣摂政始大職冠六代孫、事の由を奏聞有りて、弘法大師に詔勅を下し則勅願所として伽藍を起立し、大悲之観世音菩薩を本尊とす」として、良房の奏聞時期および奏聞時の官位を曖昧にしている。[11]

②嵯峨天皇による官米三三三石施入の故事に登場する性空上人・賀東行者は、金剛福寺に伝来した上人として戦国期の院主善雅の譲状にも名前が記されている僧である。[12]性空上人は西国三三ヶ所の一つ、書写山円教寺を創建した人物、[13]賀東行者は金剛福寺が建つ足摺岬から補陀落山に渡海したという人物を指すと思われるが、[14]両人共に一〇世紀から一一世紀初めの人物であり、嵯峨天皇よりも後の時代に活躍した人物であって、嵯峨天皇がその故事に因むことはできない。

③一条家の高祖藤原忠通が知行国主であった時に寄進した三〇町の免田は、その後田堵の対捍により地利が減少、応保元年（一一六一）には六町に減少したと慶全は言う。忠通は永暦元年（一一六〇）一一月頃には土佐の知行国主であったことが確認できるが、[15]応保二年（一一六二）六月に出家し、長寛二年（一一六四）二月に死去している。よってこの故事は十分あり得ることには違いないが、かつて願西上人の時に今

回と同様の火災が発生し、「法性寺殿御時」に忠通が三〇町の免田を寄進したという故事は疑問である。願西上人とは奈良興福寺の僧侶願西のことではないかと思われるが、その願西であれば、天仁元年（一一〇八）に鳥羽天皇の勅により、摂関家領寒河江庄のあった現山形県寒河江市の慈恩寺再建の本願主となった人物である。(16)「法性寺殿御時」が忠通の土佐国主時代を示すとすれば、それは慈恩寺再建の勅が降った時から五十数年後である。再建を成し遂げた願西がその後幡多に下向しなかったとは言い切れないが、やはり願西の活躍時期は忠通よりは時代的に前に位置付けるのが妥当ではなかろうか。

このように見てみると、慶全が解状で示した故事は、大半がその人物と時代的に合致せず事実とは言えない。すると慶全は解状作成に当たって、具体的な数字も含むこれらの故事をどのようにして収集したのであろうか。慶全が嘆いた「佛閣神殿悉作灰燼、道具宝器同火煙炎」という火災時の状況を踏まえると、寺が保有していた記録・文書の類はその火災で多く焼失・散逸したはずであるが、文書の中にはこの時焼失を免れたと思われる平安末期の住僧弘睿が書いた二通の陳状・解状案がある。慶全が解状を書くにあたって、それらを下敷きにしたであろうことは想像に難くない。当時の幡多荘は未だ一条家の前身九条家の家領でさえなく、(17)内容から見て陳状・解状は国衙・郡衙のような先に宛てて書かれたものであろうと推察する。その二通の内容を見てみよう。

（二）弘睿の陳状・解状における故事と「先例」

まず一通目は、国衙の検注に抗議し、検注使の入部停止および公事免除を主張したと見られる陳状である。

応保元年一二月、幡多郡収納使西禅が毎日観音経一〇巻読誦の反対給付として、恒枝領地一町、石国領地五反、恒時領地一町、御崎村一町の合計三町五反の経供田を金剛福寺に宛行った。[18]やがて長寛元年（一一六三）の検注の際に、この三町五反のうちの恒枝名（領地）一町のみが勘免とされたが、金剛福寺としては供田すべてが免税地となることを期待するものであり、そして何よりも供田に対する検注使の入部・干渉自体を阻止したいところであったろう。ここにその是非をめぐって国衙とのせめぎ合いが生じ、次の陳状が提出されたと推察される。

【史料―Ⅱ】

土州幡多郡蹉跎御崎住僧弘睿重陳

立用荒田本数

以南弐町　二町毎月観音講料浦国名伊布里 限北箕作谷

在　一町四季七个日千手供料恒時名　注曰 限西切間河内峯

四町　一町不動阿弥陀供料安末名東限金柄崎 元久名南限幡峯

二町正二月各七ヶ日夜御行幷二季彼岸安居料　恒枝名　石国　油間

陳云、載先日解状本田六町之内、僅見作三町也、然件給田万雑公事不可勤之、検注使不可向之由、遠嵯峨天皇御時、近法性寺入道殿下御時ヨリ免来處、在先判旨明白也、公文書生等、乍見此旨、責勘料官物、宛万雑公事等、非道難堪之上、重付住僧立両給田致纉責、[19]

右にあるように陳状は途中で途切れており、作成年代は不明である。そのためか既刊の史料集等では、この陳状は次に挙げる【史料―Ⅲ】の嘉応元年（一一六九）の解状の次に置かれて、その順序で論じられることが多い。

しかしながら、陳状の内容が西禅による経供田三町五反の宛行、および長寛元年検注での勘免田の決定に呼応していることを勘案するなら、右の陳状は【史料―Ⅲ】よりもう少し早い時期のもの、おそらくは検注が実施され勘免田が決定した直後に書かれたものと考える方が、内容を合理的に判断できる。

弘睿が公事免除・検注使入部停止の根拠として挙げているのは、嵯峨天皇と法性寺入道藤原忠通からの免判の存在である。けれども弘睿が陳状で主張する六町のうち、恒時名・石国および勘免となった恒枝名は、先に西禅が宛行った三町五反の中の恒時領地一町・石国領地五反・恒枝領地一町と酷似しており、宛行・検注と陳状の時期から見て両者は同一のものを指している可能性が高い。

前述したように、忠通は永暦元年には土佐国主であったが、西禅による経供田の宛行が実施された半年後に出家し、長寛二年二月には没していることから、出家と相前後して国主を退いた可能性が高く、長寛元年の検注は国主交替によるものと考えられる。よって忠通の国主時代に、これらの供田に対する免判が発給された可能性がないとは言えないが、嵯峨天皇となれば時代的に不可能であるのは言うまでもない。次に二通目の内容を見てみよう。

【史料―Ⅲ】

注進

蹉跎御崎金剛福寺三昧供幷修造料事

合百八拾斛 募供僧六口

在 法行寺三口 間崎寺三口

右、件三昧供、嵯峨天皇御施入　当山幷金剛頂寺之間、各三百三十三石也、然於金剛頂寺者、任員見下于今不絶、於金剛福寺者、存立用無実、依之古法性寺入道殿下　当国成敗之刻、引旧例改之、三斗代免田寄三十町、募百八十石加免判、留寄文、於是大名等乍令領、不成地子於寺家、又不上所済於国前、此則在庁掠公物、大名嘲佛法僧徒之勤、有何　佛法之験掲焉哉、募修造本堂已破壊、或号供料佛前一粒、絶施入□顕然也、誰謂悲哉、設雖国前停発、往古御祈願料也、尤為訴、是此庁官古人私心、之盍言上子細者、垂御恤、如元任員、当寺修造六三昧供料可沙汰下、蒙御裁許者、弥致勤厚之誠、兼祈国吏泰平之由、惶惶《ママ》事状、以解、

嘉応元年八月　日　　　　金剛福寺住僧弘睿　上[20]

この解状は三昧供ならびに修造料一八〇石の下行要請を目的としており、勘免をめぐる先の陳状とは直接関係はないが、ここでもやはり嵯峨天皇と忠通の故事が謳われている。忠通の寄進は「当国成敗刻」に行われたとあることから、この解状は忠通以後の体制となった国衙・郡衙に対して提出されたものと考えてよかろう。

嵯峨天皇の施入額は、金剛福寺・金剛頂寺にそれぞれ三三三石、忠通寄進の免田三〇町には、三斗代という具体的な収納高が記されており都合九〇石、一八〇石というからには二年分であろうか、正税からの修造料充当が許可されたという。しかしこの解状でも時代的な隔たりに関する無関心が指摘できる。

三昧供は、法華堂・常行堂・三昧堂等に常駐し、念仏三昧の仏事を勤める僧に宛行うためのものである。三昧僧自体は一一世紀初めには出現していたと思われるが[21]、当初は念仏を唱えるための独立した堂舎を持たなかったのではなかろうか。それが一二世紀初頭頃から三昧堂と称する堂を建立し、その堂舎で僧が念仏三昧を修するよ

【表二—Ⅰ】弘睿・慶全の陳状・解状における先例の比較

年代不詳「弘睿陳状」	嘉応元年「弘睿解状」	下文引用の「慶全解状」
供田に対する嵯峨天皇・忠通の不輸不入の許可		
		藤原良房奏聞・嵯峨天皇の勅により空海が創建
	嵯峨天皇が三昧供・修造料として官米333石を金剛福寺・金剛頂寺に施入	嵯峨天皇が三昧供・修造料として官米333石を金剛福寺に施入
	忠通が3斗代免田30町を金剛福寺に寄進、修造料として180石充当許可	忠通が免田30町を金剛福寺に寄進
		願西上人の時に金剛福寺に火災発生、忠通が免田30町を寄進

うになっていったのではないかと考えられる[22]。それゆえ、弘睿がこの解状を書いた嘉応元年頃には一般的な寺社が三昧堂に僧を置き、三昧供料を名目に国衙に修造料を請うという方法を取っていたのであろう。けれども嵯峨天皇在位時の九世紀初頭には、三昧の観念あるいは存在は未だ生まれていなかったと考えられ、弘睿の主張は解状を作成した嘉応元年時点における事象を基に作成したものである可能性が指摘できるのである。

（三）「先例」の比較とその展開

以上、阿闍梨慶全の解状の下敷きになったと思われる弘睿の陳状・解状を概観したが、その下敷きの段階ですでに事実とは異なる故事が記されていた。そして、慶全解状に登場する「先例」の具体的な内容には、【史料—Ⅲ】に挙げた三昧供要請の解状の内容が色濃く反映されているのは明らかである（【史料—Ⅱ】の年代不詳弘睿陳状の展開については後述する）。

慶全解状は、堂舎造営料という金銭的支援を要請するものであることから、同じように三昧供および修造料という金銭的な要請をした【史料—Ⅲ】が参考に用いられたと思われるが、両者が示す故事・「先例」の内容は前ページの表【表二―Ⅰ】に示したように微妙に異なっている。

例えば、弘睿が嵯峨天皇の施入先として金剛福寺と金剛頂寺を挙げているのに対し、慶全解状では施入を受けたのは金剛福寺だけになっている。また忠通の国主時代の寄進も、前者は三斗代免田を三〇町寄進し、一八〇石を正税から充当することを許可しているが、後者では単に三〇町免田とあるだけで斗代の記述がなく、その代わりに一条家の遥かな高祖藤原良房の金剛福寺創建にまつわる故事や、願西上人の時の忠通による三〇町寄進の故事が新たに登場した。さらに願西上人の時の忠通の寄進額は、見方によっては弘睿が挙げた寄進額を一年分に留め、残る一年分をここに配したかのような数字の偶然である。慶全が弘睿解状を参考にしたと想定するなら、慶全はその内容を取捨選択し、さらに新たな故事を付け加えたことになる。

弘睿が嵯峨天皇の施入先として自寺と共に金剛頂寺の名前を挙げる、あるいは慶全がそれを踏まえた上であえて金剛頂寺の名前を外し、あくまで施入は金剛福寺のみになされたことにするという行為には、いずれの場合にも相応の意味があることは間違いない。また、故事に登場する人物が嵯峨天皇と忠通であることにも、それなりの意味があると考えなければならない。そこには解状提出先の違いという要因が存在するのではなかろうか。弘睿解状の提出時期は嘉応元年、提出先はおそらく国衙・郡衙である。それも忠通が国主を退いた後の体制となったそれに対し提出された。

弘睿が自寺と共に名前を挙げた金剛頂寺は、安芸郡行当岬の中腹に建つ行基創建の寺伝を持つ寺で、中世を通して本寺教王護国寺の権勢を背景に、寺辺に広大な寺領を誇った。一一世紀末に著された空海の伝記『大師御行状集記』には、金剛頂寺について「被建立一伽藍之處、競発魔縁致妨難、萬々種々、爰為果宿願、於此地遂建立伽藍、題額号金剛定寺、其悪魔、同国波多群足摺崎被追篭云々[23]」とあることから、弘睿の解状作成当時には金剛頂寺はすでに空海の奇蹟に彩られた寺となっていたことがわかる。さらに空海が若年の頃に阿波・土佐で修行を行ったことは、空海自身が記していることであるため(24)ほぼ間違いないものと思われ、室戸岬のすぐそばに建つ金剛頂寺の奇蹟に現実味を加えていると言えよう。

もっとも空海が記すのは土佐東部における修行のみで、『大師御行状集記』にも土佐中央部以西の記載がないことから、空海の土佐国での遍歴は国の東部に限られていたのではなかろうか。その場合、弘睿が解状を提出した嘉応元年時点の金剛頂寺と金剛福寺の間には、前者は空海の修行地、且つ空海が魔縁を追い出して伽藍を建立したという奇蹟に彩られた寺であり、後者は空海の訪れがなく、しかも金剛頂寺に巣食っていた「其悪魔」が空海によって追い籠められた場所・足摺岬に建つ寺という、大きな差異が生じていたと考えられるのである。

解状の文面からは弘睿の金剛頂寺に対する反感が察せられ、そこからは金剛福寺と金剛頂寺の反目までも読み取ることができる。それにも拘わらず、解状に金剛頂寺の名前を並べざるを得なかったのは、修造料を要請するために必要であったからに他ならない。空海への庇護が特に篤かった嵯峨天皇が、両寺に同額の三昧供を施入したという故事は、天皇が両寺を同等に見ていた証として、金剛頂寺と同格の三昧供を要求するための重要なファクターであったと考えられるのである。それに対して忠通の名前は、前国主が金剛福寺に与えた容認を後任者からも得るための言わば偶然の産物であり、嵯峨天皇の名前が持つような、金剛福寺の立脚点を左右するといった性格のものではなかった。

他方、慶全解状の提出先は、金剛福寺が建つ幡多荘の領主一条家である。嵯峨天皇の故事踏襲には、もはや金剛頂寺を意識する必要はなく、藤原良房による金剛福寺創建の奏聞とも絡んで、その故事は同寺と一条家との関係性においてのみ強調されることになる。これに対し忠通の名前は、かつての弘睿解状とは異なり、「我君殿下忝承彼御流、幸伝此本家温故知新之心」のように、一条家の当主実経が、かつての火災時の寄進者忠通の後継として、金剛福寺との特別な縁を共有していることを主張するために必然的に提示されたのである。

第二節　先例の成立―その応用と影響―

（一）先例の成立―金剛福寺への再建援助と供養奉加―

前節で見たように、慶全解状で示された「先例」は、金剛福寺が一条家に造営費用を要請する正当性を担保するためのものであり、「先例」に倣って同様の援助が下されることを期待して挿入されたものである。運よく解状が功を奏し援助を受けることができたなら、それは故事や「先例」も含めて既成事実化し、以後に生じる同様の事象に対し同様の援助が見込めることになる。

それは解状の受手である一条家にとっても同じである。ここで慶全が提示した「先例」を先例として認めたなら、金剛福寺に対する援助は恒例化し、これ以降に起きる同寺からの要請に対しても援助を断ることはできず、一条家は永久に援助を継続しなければならなくなる。何よりも良房や忠通は、当主実経にとって偉大な高祖であるとはいえすでに過去の人たちであり、遠国土佐に建つ金剛福寺と両人との故事についての真贋が見分けられるはずはない。けれども先例の連続によって存立する公家社会の筆頭である摂関家の一員として、実経は高祖の名を冠した「先例」を無視するわけにはいかなかった。実経にとって忠通の「先例」は、拘束衣と同様の強い呪縛力を持つものだったと言えよう。

こうした方法は特に慶全だけに特有なものではなく、先例・旧例の拘束力を利用した、中世社会のしたたかな慣習であったのは確かである。しかしその結果として、慶全解状は、幡多荘の住民に対して金剛福寺の勧進への奉加を促す「正嘉元年下文」だけではなく、かつて忠通が寄進したという三斗代免田三〇町とほぼ同額の奉加米一〇〇石を、一条家から引き出すことに成功したのである[25]。

先に想定したように、慶全解状が金剛福寺の一条家に対する初めての解状であるならば、解状を受けて発給された「正嘉元年下文」と一〇〇石の奉加米下行は、一条家が同寺を自らと特別な関係性にある寺院として位置付けた始まりであることを意味する。よってこの新儀は、次に同寺に同様の事象が発生した場合には、援助の先例として容易に両者の前に置かれることになる。事実、金剛福寺はこの後、正応二年（一二八九）、延慶三年（一三一〇）と鎌倉期後半に二度の大火に見舞われるが、一条家はその都度この時の対応を先例として、「正嘉元年下文」の案文を副えた同様の内容の政所下文を発給すると共に、それぞれ一〇〇石の奉加米を造営料として下行し、同寺の造営を助けることになる[26]。

さらに正安二年（一三〇〇）一一月には、「文永之例」を先例とする一条家政所下文が幡多荘宛に発給され、七〇石の供養奉加米が金剛福寺に下行された[27]。

下文の文中には「子細見文永政所下文」とあることから、この奉加の新儀は文永期に生じており、そこには奉加のいきさつが記されていたと考えられるが、文永期の政所下文は一通も現存していないため、七〇石奉加の内容は判然としない。もっとも、先例とされている文永期は建長八年の火災から一〇数年後である。本下文も正応二年の火災から一一年後の発給であることを考慮するなら、この二つの奉加は焼失した堂舎が再建成った法会のためのものであると考えることもできる。それならば七〇石の奉加も「正嘉元年下文」から派生したものと言わなければならないが、そこにもやはり、一条家から奉加米七〇石を引き出すための「先例」、おそらくは忠通による供養奉加米下行の故事が謳われた解状が存在していたであろうことは、これまでの事例からも十分考えられよう。

このように、弘睿の二通目の解状の展開形とも言える慶全解状によって、金剛福寺は同寺に発生する造営料や供養法要に必要な用財を一条家から支援されることになった。それでは、弘睿のもう一通の陳状にあった寺領内不輸不入の特権は、一条家との間でどのような展開を見せたのであろうか。

(二) 先例の増加—金剛福寺に対する特権の容認—

金剛福寺が慶全解状によって一条家からの初めての奉加米を受け取り、焼失した堂舎の再建事業に着手していたはずの正嘉二年（一二五八）七月、幡多荘預所の前備前守中原朝臣某が「幡多本郷」を充所として一通の下文を発給した。

【史料—Ⅳ】

下　幡多本郷

仰二箇條事

一　蹉跎山寺領内可禁断殺生事

右、当寺者、千手観音霊験之地、弘法大師草創之砌也、貴賤誰不帰不敬乎、然間、代々給主皆以致殺生之禁、制止雑使之入部云云者、任先例、於当山寺領内（東限窪津河／西限見宛河）致殺生事、自今以後、云政所使云地

下沙汰人、一切可停止入部、

一　供田等可免公事

　蹉跎山免田参町　八幡宮免田参反

　香山寺供田参町　同燈油畠壱町字芋生云云

右、件供田等、勤行厳重御祈祷之間、先例不勤公事之処、近年被支配公事云云、為不便之事、於件供田等者、早可停止万雑公事焉、

以前両條所仰如件、庄家宜承知、敢勿遺失、故下、

　正嘉二年七月廿四日

　預所前備中守中原朝臣花押(28)

右がその下文であるが、文中に「任先例」「近年被支配公事云云」のような文言が用いられていることから、ここでも下文発給の前段階に、かつての「先例」を挙げた金剛福寺からの要請が存在するのは間違いない。また「以前両條所仰如件」の文言があることから、本文書は中原某の独断によって発給されたのではなく、京都一条家の許諾を受けてのことと考えていい。

充所となっている「幡多本郷」とは、幡多地域の中央に広がる貴重な平野部のさらに中心部を指しており(29)、言わば預所のお膝元とも言える地域であると考えられる。したがって殺生禁断の対象となっている「当山寺領内東限窪津川西限見宛河」は、下文と充所との関係からすると、通常は「幡多本郷」内にある金剛福寺領を指していなければならない。ただしその一方で、この四至は一四世紀前半に金剛福寺院主を務めた心慶という人物の置文にある、

「蹉跎山四至東ハ□津川ヲ限 西ハ蓑宛河ヲ限」という記載と酷似していることから、[30]二つは同一の場所を指していると考えてよかろう。

しかしながら、心慶は件の置文の書出を「蹉跎山四至幷供田畠同新免次第事」として、「蹉跎山四至」とそれ以外の供田畠を区別して記している。このことから、心慶が置文で言う「蹉跎山四至」とは供田畠のことではなく、金剛福寺の山号である蹉跎山を掲げた、同寺の境内敷地を意味すると解される。すると必然的に、置文と同じ四至を記している中原某の「当山寺領内」もまた、幡多最南端の足摺岬に建つ同寺の境内を指していることになろう。すなわち中原某が「幡多本郷」に向けて殺生禁断を命じた場所は、本郷からはるか遠方の足摺岬突端に建つ金剛福寺境内だったのである。

【図二―Ⅰ】中原某下文の充所と四至および心慶置文にある四至

　堂舎が焼け落ち焦土と化して、再建工事が始められたばかりの金剛福寺境内に対する殺生禁断の指示とは一体どのようなものであろう。仮にこのような指示を出すとすれば、通常ならば寺の境内から遠方の「幡多本郷」に向けてではなく寺周辺の地域に対して、もしくはもっと広域に幡多荘全体に対してなされるものではなかろうか。さらにその指示は、「自今以後云政所使云地下沙汰人、一切可停止入部」という、およそ殺生禁断とは無関係な文言で締めくくられている。

これらを勘案すると、中原某の下文を引き出した解状本来の目的は、殺生禁断ではなく敷地内への役人の不入であり、下文の不可解な充所は、本来「幡多本郷」に存在する金剛福寺領への不入を念頭に置いて、要請の段階で意識的に挿入されたものではなかろうか。なぜなら、中原某の下文から三ケ月後に一条家政所が発給した下文（以下、「正嘉二年下文」と略記）の内容に、同様の手法を想定することができるからである。

【史料—V】

前摂政家政所下　土佐国幡多庄官百姓等

　仰下弐箇條

一　可令任旧例奉免金剛福寺供田陸町事

　在　本郷参町　浦国名壱町 字伊布利 北限蓑作谷 恒時名壱町 限西切間 河内崎

　　山田郷参町　九樹名内本田 東限金柄崎 西限小布木 南限幡峯 北限小河

右、件寺者、千手観音霊験之地、弘仁　聖主尊崇之砌也、弘法大師於此処顕證果、賀東上人従此処遷聖境、可帰可敬者歟、因茲弘仁有　勅、奉免三昧供田、被宛修理料米、而国宰怠慢、寺用已欽、其後法性寺殿下当国御沙汰之時、雖被寄進卅町免田、応保年中減定六町、近来件免田猶以違濫、僧侶歎寺田之無跡、道俗憐堂閣之欲頽、然間、去建長八年回禄、成災棟宇火煙、是即艦衆生之無信心、哀佛法之有興滅歟、仍勧進郷内営土木之由、成賜政所下文先畢、於免田者、幸当一庄之堺内、適有六町之古跡矣、為継上代之御願、争無中興之裁許哉、仍今所被奉免也、(且脱カ)宛巧匠成風之功、且支禅侶飡霞之資、然則住侶各専精誠、可奉祈請天下安穏国中泰平、殊別御家門之繁昌矣者、

一　可令禁断当寺四至内殺生事

右、故老相伝曰、千手観世音菩薩毎日臨光於此寺云云、観音影向之波底、争置漁翁之密網、賢聖降臨之月前、豈浮鈎者之篇舟哉、恵薄潜鱗、害及昆虫、甚可痛哉、永令禁制矣者、以前條事所仰如件、庄官百姓等宜承知、勿遺失、故下、

正嘉二年十月　日　　案主図書允紀

令散位藤原朝臣花押　知家事中原

別当春宮亮藤原朝臣花押　大従春宮権少属兼右衛門少志安部花押

修理大寺大佛官左大史兼能登介小槻宿祢花押

博士兼主水越中権守清原真人花押

勘解由次官兼中宮大進藤原朝臣花押

散位源朝臣花押(31)

金剛福寺が預所よりも上位の令達を望んだのか、この「正嘉二年下文」の内容も寺領の公事免除と殺生禁断の二点で、後者の文言は中原某下文に見られたような不入の指示と見紛うものではなく、一般的に見られるような内容にふさわしいものになっている。また中原某の下文では、本郷に三町のみとされていた金剛福寺の免田が、

【図二―Ⅱ】正嘉二年下文と弘睿陳状にある浦国名

この「正嘉二年下文」では山田郷三町を含み六町となっているが、前者の充所が「幡多本郷」であるのに対し、後者は本郷を含む幡多荘を対象としていることを考えれば、田畠の増加自体にはさして不審はない。

問題は「本郷三町」の内訳にある。

本下文に記されている本郷の公事免除の対象は、「本郷三町　浦国名壱町字伊布利 北限蓑作谷 恒時名壱町限西切間 河内崎」である。「本郷三町」としながらも中身が二町しかないが、二つの名のうちの「浦国名」の記載は、かつて【史料―Ⅱ】に挙げた陳状で、金剛福寺住僧弘睿が嵯峨天皇・藤原忠通の不輸不入の免判の存在を主張した際に、「以南弐町　二町毎月観音経講料浦国名伊布里 限北蓑作谷」と記した「浦国名」と四至が酷似していることから、同一の区域を指していると解される。したがって「本郷三町」の中身が二町しかないのは、本来は二町ある「浦国名」を政所が一町と書き誤ったものと考えて差し支えない。しかし弘睿解状では以南にあったはずの「浦国名」が、この下文では本郷にあるとされているのは一体どのような理由によるものか。

以南とは、中世では幡多西南部、現在の土佐清水市の一部とされている地域である。(32)「以(伊)布利」はその南端足摺岬の付け根あたりの地域を指すことから、二つの地域の違いに関しては、「本郷」と記した「正嘉二年下文」の方が誤りである。この事実から以下の二点を指摘しておきたい。

一点目は、このような地域の混濁は意図的になされたものではないかということである。「正嘉二年下文」の発給時期が、「正嘉元年下文」からわずか一年余りしか離れていないことからすると、不輸不入・公事免除の令達としては、本下文が一条家から発給された最初のものであると考えていい。すると下文発給の前段階として、ここでも忠通等の「先例」を掲げた金剛福寺からの解状の存在が想定されよう。その解状の書き手は、おそらく作成の段階で【史料―Ⅱ】に挙げた弘睿陳状を下敷きにしているはずである。火災からの復興と併せて寺領に対する役人の入部を阻止し、干渉を排除しようと考えたこの書き手が、かつての慶全と同じく、内容がよく似た過去の文書を参考にしたであろうことは容易に想像できる。解状の書き手である金剛福寺の僧侶が在地の地名を間違えるはずはないことから、この地名混濁は、金剛福寺自身によって故意になされた可能性が否定できない。

二点目は、一条家政所も地名の矛盾に気付かず、解状の記載通りに下文に引用している点である。このような下文が発給された結果として、もともとは以南にあった公事免除の対象地が、以南はそのままに本郷にも新たに一町、もしくは二町成立する可能性に留意したい。そこから導き出されるのは、こうした解状と政所下文の繰り返しによって、幡多荘内に特権を備えた金剛福寺領が増加し続けるという状況ではなかろうか。

事実、これ以降に一条家政所から発給された、金剛福寺領の殺生禁断・公事免除の特権容認を内容とする下文には、文中に「任正嘉二年政所御下文旨」という文言が用いられ、地名混濁の矛盾を抱えたまま先例化されていくことになるのである。(33)

第三節　金剛福寺の行動の背景

これまで見てきたように、金剛福寺と一条家との関係性は、同寺から一方的に示されるところの、事実とは異なる故事や「先例」、明らかに表示とは異なる地域への特権要請等に応えて発給された、政所下文を中心とする令達によって深化してきた。当然その関係性の構築は、解状提出者である金剛福寺側に必要であったために志向されたのであるが、そうした必要性は在地のどのような状況を背景として生じたのであろうか。

まず初めに考えられるのは、在地における造営・法要用財の調達困難である。

慶全は「正嘉元年下文」に引用された解状の終盤で、焼け落ちた堂舎の再建に懸ける在地と自分自身を、聖武天皇の盧舎那仏造立における知識の協力と、中国晋で弟子たちを引き連れて勧進を行った恵遠禅師に擬している。仮に一条家が奉加米を下行してくれたなら、その事実はかつて聖武天皇の大仏造立の決意が全国の知識の協力を生んだように、在地の人々にあまねく善根の心を起こし、さらに慶全自身も一条家の温情に奮い立ち、恵遠禅師のように弟子たちと共に在地にくまなく勧進を展開しようという決意の披露である。

そこには、金剛福寺単体では再建用財の調達が困難であるという、物理的な要素が存在するのは間違いない。鎌倉期には勧進活動が公認化され、一般的な寺院維持・復興事業として勧進の担い手が勧進聖から寺院僧侶に移るが[34]、在地での勧進活動は多大な労力の割には非効率な結果しか伴わない。いきおい畿内の大寺社は、朝廷・幕府の力を後ろ盾とした強制的な用財徴収に頼り、棟別銭はその有名な一例である。

遠国土佐の一地方寺院でしかない金剛福寺には、そのような強力な後ろ盾は望むべくもないが、同寺が建つ幡多荘領主一条家から、かつての「先例」に比する程度の一定まとまった援助を得ることは不可能ではなかった。その援助の事実を在地に示すことによって追随者を得られる期待もあり、且つ領主一条家を後ろ盾としなければ、在地における用財調達がままならないという状況が、同寺の一条家への接近から想定できる一般的解釈である。

しかしながら、事実とは全く異なる「先例」の提示や意図的な地名混濁の背景として、単なる用財調達の困難を想定するだけでは不十分である。金剛福寺の行動の理由は他の側面からも捉える必要がある。

ここで改めて当該期の一条家領を概観すると、寺院や僧侶が領家・荘官的役割を担っている例が数多く見られる。例えば肥後国窪田荘は、道家と妻掄子との結婚によって、掄子と共に西園寺家から九条家領に加わったものと考えられ、道家の家領処分によって実経に分与され一条家領となった一所である[35]。文永一一年（一二七四）に元・高麗連合軍による所謂文永の役が起こったが、それを受けて翌年末に幕府が高麗討伐を企て、西国の梶取・水手を招集した際に、窪田荘預所として手勢・兵具・馬等の請文を出したのは、定愉という僧侶であった[36]。

また越前国美賀野部荘は、元は国衙領であったものが尊勝寺曼荼羅堂の便補保となり、尊勝寺法印道祐が大和国河北荘・近江国大江荘等と共に、道家の娘で後堀河院皇后となり四条天皇を産んだ、藻壁門院竴子の法華堂に寄進した一所である[37]。竴子が早く没したことにより、道家の管轄するところとなって九条家領に組み入れられ、窪田荘同様家領処分によって実経に譲与されたが、この家領の本質はおそらく尊勝寺を領家とした本家職であると考えられる。

さらに讃岐国神前荘も前述の二荘同様、道家の家領処分によって実経に譲られた一所であるが、この荘園は、道家が讃岐国主時代に国衙領を立荘し、興福寺三面僧坊供料として寄進、興福寺を領家としたものである[38]。この寄進の表向きの理由は、久しく荒廃が続いていた三面僧坊に神前荘を寄進することによって、家門円満を祈願するというものであったが、現実には興福寺を代官とする形で本家職を確保するものであったのは間違いない。

このように一条家領は、道家が処分状で寺社領本家職を諸子に分け付けていることから推測されるように[39]、在地に一定勢力を有する寺院を経営に介在させた、本家職確保という性格が濃いものであったと推察されるのである。遠国土佐の一地方寺院である金剛福寺を、他の家領におけるこうした寺院と同様に位置付けることには慎重でなければならないが、幡多荘を相伝した直後の一条家にとって、金剛福寺住僧の名前で幡多荘から届く解状が、ごく日常的なものであったと考えられる点には留意する必要がある。

さらに「金剛福寺文書」の各々の内容からは、幡多荘内の寺院と僧侶が、荘園経営という世俗的な場で活躍している実態が窺えるのも事実である。

一例を挙げれば、文永一二年（一二七五）に慶心という僧侶に船所職が安堵されている[40]。安堵の下文は公文と沙弥の連名で発給されていることから、僧侶は預所内で公文と同等の立場で一定の役目についていたことが分かる。船所職の形態が判然としないものの、任命された方も僧侶であることから、僧侶は現地における荘官的な役割も果たしていたと考えられよう。

それだけでなく、寺院は荘内の田畠を請け負う一地方領主でもあり、他ならぬ金剛福寺もまた、幡多最南端の足摺岬に建つという地理的制約を抱えながらも、幡多中央の貴重な平野部に果敢に進出し、そこに広がる観音寺領を代請している[41]。この事実は、金剛福寺・観音寺の双方が幡多荘の経営に一領主として加わることによって、一条家政所の統括内に構造的に組み込まれていたことを示すものであるが、金剛福寺は、一年限りという代請当初の約定通り一旦は預所に収公されていたその田畠を、実は自らに相伝のものであると主張することによって預所から返付されているのである[42]。

金剛福寺のこうした行動を勘案するなら、同寺が見せた一条家への接近と、度重なる解状の提出による緊密な関係性の構築は、幡多荘内における寺院の中での優位性、および荘内の権利・安全の保障を得るためであったと解することが可能であり、殺生禁断に名を借りた寺領内への役人の不入や免税地の地名混濁は、まさに幡多荘における金剛福寺領拡大という文脈の中に位置付けることができるのではなかろうか。

おわりに

以上、一条家が発給した政所下文を主な材料として、金剛福寺と一条家との関係性構築の経緯について見て来た。それらを通して、両者の関係性が一条家からの上意下達ではなく、金剛福寺主導で深化したことを明らかにした。

この家領が一条家のものとなったのは、九条家の全盛時代を体現した道家の家領処分によるものである。それは、道家の四男実経に分与された四〇ヶ所の中に幡多荘が含まれていたという、ただそれだけの経緯であった。金剛福寺と一条家との関係性の始まりは、双方の意思とは無関係に起こった家領分与という偶然の事態に伴い、副次的に発生したものでしかなかったのである。

しかし、その直後に生じた火災による堂舎焼失という金剛福寺の非常事に、阿闍梨慶全が領主一条家に対して、高祖藤原忠通がかつて行ったという支援の「先例」を示して再建の援助を要請、その故事を一条家が受け入れ、それと同様の援助を行ったことが、単に金剛福寺と一条家との関係性に留まらず、同寺が主張するところの、忠通から連綿と続いていたという両者の強固な関係性までをも肯定する結果となった。これにより金剛福寺は、その援助を同寺と一条家との間の新たな先例として、以後の支援・特権の取得を可能にしたのである。

一条家の金剛福寺に対する庇護は、慶全解状に応えて発給された「正嘉元年下文」と、その翌年に発給された「正嘉二年下文」でその基礎がほぼ完成されている。すなわち一方の「正嘉元年下文」は、造営・供養等の単発的・突発的事象に対する物理的な資金援助において、他方の「正嘉二年下文」は沙汰人の入部停止・公事免除という日常的特権の容認において、これ以降に金剛福寺に生じた同様の事象に対する先例となり、決定が踏襲されていった。

このように見てみると、慶全解状に応えて発給された「正嘉元年下文」とそれに伴う官米奉加は、金剛福寺と藤原摂関家との縁起＝関係性を一条家が認めたという点で、極めて画期的かつ重要なものであったことが分かる。同寺が示した縁起が事実であるということではなく、一条家が金剛福寺の示す関係性を受け入れ、同寺を在地における特別な寺院として認めて、「先例」と同様の支援を行うと決めたことが重要なのである。よって、一条家の金剛福寺に対する対応それ自体は文書に見える通りであるが、そのことと文書の内容が事実であるということとは別問題であり、本稿で取り上げた以外の文書においても、文中での金剛福寺の主張を事実として歴史に位置付けるには、詳細な実証的検討が必要であると言えよう。

その上で改めて問題とされるべきは、一条家による幡多荘の領有の在り方である。

荘園制度の秩序の中では、預所は主に領主が設定する荘園支配の拠点であり、多くは領主の腹心の部下が充てられる。しかしながら本文中でも指摘したように、中原某が幡多荘に設置されている預所に常駐し、京都政所との間で荘園経営に関わるやり取りを行っていたのであれば、殺生禁断・雑使入部停止の対象地として、自らが下文に記した「当山寺領内東限窪津川 西限見宛河」が本郷にないことは自明であり、さらに「正嘉二年下文」に見られるような、以南と本郷の地名混濁に気付かずに「浦国名」に公事免除の容認を与えるといった状況は、政所内においては発生し得ない。

中原某下文や「正嘉二年下文」の存在は、一条家政所が在地の状況を把握し判断したうえで令達を発給していたのではなく、金剛福寺が提出する解状に、機械的・盲目的に応えていたに過ぎなかった可能性を示唆する。道家から実経に譲与された家領の多くは、寺院を経営に介在させ、寺社領本家職を確保する類のものであったことから、金剛福寺の接近や支援要請、幡多荘内の特権獲得の要請等が一条家にとってはさして特異なものではなく、令達の発給は日常的な対応であったという側面を考える必要がある。

このような一条家の対応からは、金剛福寺の解状に応える形で政所下文が発給されていた鎌倉・南北朝期、一条家が他の複数の家領と同様に幡多荘を直務していなかった状況が浮かび上がる。むしろ幡多荘の経営は、一条家の関知しないところで、金剛福寺を含む複数の領主によって行われていたのではなかろうか。こうした点を勘案するなら、「(預所が)広大な幡多庄の直務支配を、京にある一条家政所の命に従って行っていた[43]」のような、これまで言われてきた幡多荘の歴史像は見直す必要があろう。

本文中で示した問題点や、京都側の史料が乏しく、金剛福寺を視点の中心に置かざるを得ない史料的制約等課題は多いが、引き続き同文書に対する詳細な検討を中世幡多荘の実態の解明につなげたい。

注

(1)　山本　大「中世土佐における土豪の動向と大名の成立」(『土佐中世史の研究』高知市立図書館、一九六七年)。

(2)　『續史料大成　大乗院寺社雑事記』臨川書店、一九七八年、文明元年九月一日条。

(3) 前掲注(2)文明六年八月一四日条。
(4) 池内敏彰「一条摂関家と土佐国幡多庄―鎌倉時代を中心として―」(『土佐史談』第二〇二号、一九九六年)、「一条摂関家と土佐国幡多庄―鎌倉時代を中心として(二)―」(『土佐史談』第二〇五号、一九九七年)。
(5) 東近 伸『中世土佐幡多荘の寺院と地域社会』リーブル出版、二〇一四年、「第二章 中世金剛福寺の勧進活動」、初出は二〇〇八年。
(6) 金剛福寺が解状の中で示す先例については「先例」とカッコで括り、同寺と一条家との間の先例と区別する。
(7) 建長二年一一月日「九条道家初度惣処分状」(『九条家文書』五―(一)号)。
(8) 「金剛福寺文書」正嘉元年四月日「前摂政家政所下文写」。
(9) 『公卿補任』承和九年項。
(10) 尊海著「蹉跎山縁起」(『土佐国史料大成 土佐国群書類従』第一一巻所収、二〇〇九年、巻第一二八)。
(11) 『大日本史料第九編之一三』所収「永正一八年八月日次記」。
(12) 「金剛福寺文書」文明一一年八月一八日「法印善雅譲状」。
(13) 平野邦雄・瀬野精一郎編『日本古代中世人名辞典』吉川弘文館、二〇〇六年。
(14) 三木紀人校注『新潮日本古典集成 第五巻 方丈記・発心集』新潮社、一九七六年、「或る禅師、補陀落山に詣づる事、賀東上人の事」項。
(15) 『増補史料大成 山槐記』臨川書店、一九六五年、永暦元年一一月一三日条。
(16) 『山形県史通史編 原始・古代・中世編』山形県、一九八二年、八五一頁。
(17) 年月日不詳「九条忠家遺誡草案」(『九条家文書』一三号)。九条道家の嫡孫忠家は、この遺誡で幡多荘を「関東伝領之地、土州幡多郡」と記している。当該期の公家が関東と言う場合、それが鎌倉幕府を指すのは自明であり、この家領は鎌倉幕府からの支給地であると考えていいが、事実関係については管見の限り確認できない。
(18) 「金剛福寺文書」応保元年一二月日「幡多郡収納使西禅宛行状写」。
(19) 「金剛福寺文書」年月日不詳「金剛福寺住僧弘睿重陳状写」。
(20) 「金剛福寺文書」嘉応元年八月日「金剛福寺住僧弘睿解状写」。

(21) 三昧僧について、『小右記』寛弘五年一一月六日条には「初申三昧僧神願和奸之由」とある。
(22) 三昧堂について、望月信享他編『望月仏教大辞典』第二巻には「高野山通念集第二、三昧堂の条に第十二代長者東西院済高大僧都の建立、康和三年三月五日、始めて六口三昧僧を置が故にしかいふ歟といひ、」とある。
(23) 「大師御行状集記」（太田藤四郎・塙保己一『続群書類従　第八輯下』所収、続群書類従完成会、一九六二年）、「土佐国金剛定寺結界一六」。
(24) 空海著・加藤精神訳註『三教指帰』岩波書店、一九三五年。「臍攀阿波国大滝獄、勤念土州室戸崎、谷不惜響、明星来影」との記述がある。
(25) 前掲注(8)政所下文および「金剛福寺文書」正嘉元年四月一八日「源則長奉書写」。
(26) 「金剛福寺文書」正応二年五月日「前摂政家政所下文写」および同年六月一日「源則長奉書写」、延慶三年二月日「権大納言家政所下文写」および同年二月日「源清兼奉書写」。「源則長奉書写」は『高知県史古代中世史料編』所収の「土佐国蠹簡集」には見えず、『南路志』巻三〇所収の「土佐国蠹簡集」より引いた。
(27) 「金剛福寺文書」正安二年一一月日「左大将家政所下文写」。
(28) 「金剛福寺文書」正嘉二年七月二四日「預所前備中守中原朝臣某下文写」。
(29) 『中村市史』中村市、一九六九年、「第四章　幡多荘」。
(30) 「金剛福寺文書」建武二年卯月七日「心慶置文写」。
(31) 「金剛福寺文書」正嘉二年一〇月日「前摂政家政所下文写」。
(32) 前掲注(29)。
(33) 「金剛福寺文書」弘安四年四月日「前摂政家政所下文写」、弘安四年五月日「前摂政家政所下文写」等。
(34) 中ノ堂一信『中世勧進の研究―その形成と展開―』法蔵館、二〇一二年。
(35) 前掲注(1)。
(36) 『鎌倉遺文』一二二七一号。
(37) 前掲注(1)。
(38) 前掲注(1)および『鎌倉遺文』四五八二号。

（39）前掲注（1）の処分状には、最勝金剛院領として、忠通の時に寄進された山城国久世荘以下九ヶ所と八条禅尼の寄進領六ヶ所の計一五ヶ所が載せられているが、院領の年貢については寺用に宛てるよう指示があるものの、本家職は諸子に分けて付属するとある。このうち山城国久世荘、伊賀国浅宇田荘・大内西荘、伊豆国井田荘、備後国坪生荘、伊予国吉原荘の六ヶ所の本家職が実経に付けられている。この他、実経に分与された家領には、宝荘厳院領阿波国大野本荘、石清水八幡宮三昧堂領讃岐国本山荘、春日社領讃岐国河津荘等、寺社を領家としたと思われる荘園が多い。
（40）「金剛福寺文書」文永一二年三月日「公文藤原某・沙弥某下文」。
（41）「金剛福寺文書」永仁六年三月日「平某宛行状写」。
（42）「金剛福寺文書」嘉元三年三月七日「右衛門尉定康奉書写」。
（43）池内敏彰「一条氏研究」（『高知県立中村高等学校研究紀要』第三四号、一九九一年）。

第三章　中世幡多地域における金剛福寺の存在形態と地域社会

はじめに

蹉跎山金剛福寺は、土佐国西南部の足摺岬に立つ真言宗の寺で、寺の縁起には嵯峨天皇の勅願所として弘法大師空海が創建、補陀落信仰の拠点として崇拝されたとある(1)。中世には幡多荘の領主一条家と深い関係性を保ち、その権勢を後ろ盾としながら幡多中央の平野部に広大な寺領を形成したが、同寺が幡多荘内でどのような位置付けにあったのかという点については、これまでほとんど論じられてはこなかった。しかし近年、両者の関係性に注目した研究が相次いで発表され、幡多における金剛福寺の存在形態が徐々に明らかにされている。

坂本亮太氏は、「荘祈願寺」という存在形態を示す中で、幡多荘内で領主一条家による奉加・免田設定を受けた金剛福寺をその一事例として論じた(2)。

坂本氏によれば、「荘祈願寺」とは在地・荘民の全てに対してではなく、荘園領主に対する祈願を行うという点で、在地に密着した他の地方寺院とは一線を画す。また、その支配の領域は荘内一円ではなく、寺辺等あくまで一定的で、支配の性格も預所・荘官等の荘園管理の体系とは異なる形で存在していたという。さらに幡多荘内におけるそうした存在は、幡多中央の平野部に建つ香山寺も同様であるとして、一条家は荘内に複数の「荘祈願寺」をネットワークを形成するように配置していたという構造を示している。

これに対して市村高男氏は、金剛福寺を地域全体における宗教的指導者と位置付けている(3)。市村氏は、同寺が幡多地域に観音信仰・補陀落信仰の布教の輪を拡大していくために、領主一条家を後ろ盾として勧進を展開したとし、この地における観音信仰は、鎌倉期後半に見舞われた三度の火災に対する再建事業において、一条家の認可の下に精力的に展開した勧進を媒介として、当該地域に浸透したという見解を示した。その状況を「勧進の体制化」と定義したのは東近伸氏である(4)。

東近氏の見解は、金剛福寺の勧進が一条家の荘園支配に支えられ、体制的に行われたとするもので、坂本氏の見解にある幡多荘内の寺院のネットワーク形成は祈願のためではなく、年貢輸送や沿岸を航行する船舶の監視等、一条家の幡多荘支配を補完することを目的として形成されたものであるとする。それによって、金剛福寺を一条家の荘園経営における一機関として位置付けている。

三氏の指摘はいずれも、幡多荘における金剛福寺の存在形態を考える上で重要である。

ただその一方で、金剛福寺領の形成という点に目を向けると、それらは寺辺よりはむしろ寺から遠方の幡多中央の平野部を中心に、幡多郡東部・高岡郡南部にかけて広範囲に散らばっているという特徴があり、坂本氏が「寺辺等限定的」であるとした「荘祈願寺」の寺領分布の在り方とは少し異なっている。また、所謂「金剛福寺文書」の中には幡多荘の預所が発給したと思われる下文が混じっており(5)、金剛福寺が請料を支払って幡多荘内にある他寺請負の田畠を代請している事実も見られることから(6)、同寺の一領主的側面からの検討も必要であると考える。

よって本章では先学を踏まえ、第二章に続いて「金剛福寺文書」を主な材料として、同寺の存在の実態に迫ることとしたい。文書の分析は、文書で行われている指示の内容だけに留まらず、その背景に対しても丹念に行うこととし、改めて中世幡多地域における金剛福寺の位置付けについて考えたい。特に、東近氏が主張するところの「勧進の体制化」および金剛福寺の社会経済的一面は、本章の内容とも深く関係すると思われることから、本文にて適宜詳述することとしたい。

第一節　在地の中の金剛福寺

（一）一条家による奉加の実態

金剛福寺は、鎌倉期後半の建長八年（一二五六）、正応二年（一二八九）、延慶三年（一三一〇）にそれぞれ火災に見舞われており、その都度領主一条家から、同寺の行う勧進に在地の奉加を促す政所下文の発給とともに、奉加官米一〇〇石の下行を受けている。[7] それのみならず、一条家からは堂宇の造営用途以外にも、先例に倣った奉加と称した官米下行が行われていたことが確認できる。これらの奉加は具体的にどのように行われたのであろうか。

まずは「文永例」を先例として臨時に行われた、正安二年（一三〇〇）の奉加官米七〇石の場合を見てみよう。

【史料―Ⅰ】

左大将家政所下　土左国幡多庄官百姓等

可早任文永例守支配旨、致沙汰蹉跎御崎金剛福寺供養御奉加官米漆拾斛本斗事

具同村拾斛　敷地村拾斛

中村拾斛　平田村漆斛

山田村漆斛　宿毛村漆斛

大方郷漆斛　以南村陸斛

磯河名壱斛弐斗　江村弐斛三斗

仁井田山参斛五斗

右、件御奉加官米、為臨時徴下、任先例、今年中如員数無懈怠、可沙汰渡于院主快慶之状、所仰如件、庄官百

姓等宜承知、勿遺失、故下、

正安二年十一月　日　案主左兵衛尉中原花押

令前能登守安倍朝臣花押　知家事木工助安倍花押

別当散位源朝臣花押

民部太輔藤原朝臣花押(8)

右が一条家政所から幡多荘宛てに発給された下文で、これを基に名前が挙げられた村々に対して各々の割当額が通知された。

【史料―Ⅱ】

（袖判）

蹉跎御崎金剛福寺供養奉加官米七十石内、敷地村分拾石本斗、任政所御下文之旨、守先規、為臨時徴下、今年中必員数無懈怠、沙汰渡院主快慶、可令取置請取之由、所被仰下也、仍執達如件、

正安二年十一月十五日　右兵衛尉助材奉

敷地村沙汰人等中(9)

右はそのうちの敷地村への指示で、内容は敷地村の割当分一〇石を本斗枡で量り、今年中に院主快慶に渡し請取を徴収するよう指示したものである。文永期の政所下文は現存しないため、この奉加が何の供養に対して行われたのかは判然としない。ただし、こうした奉加の先例として「文永例」が引かれていることを勘案するなら、七〇石の奉加の新儀は文永期に成立したものと考えなければならない。

それでは、在地割当という方法も「文永例」を新儀とするのだろうか。火災時の奉加を見てみよう。

【史料―Ⅲ】

（袖判）

蹉跎御崎造営用途事、所被成下政所御下文也、可被存其旨、且有志之輩、任院主心慶之勧進、可令奉加之由、可被相触村内候、兼又御奉加官米百斛内、当村分拾石本斗国定募御年貢内、沙汰渡寺家、可被取置請取之由、被仰下候也、仍執達如件、

延慶三年二月十四日　左衛門少尉助親奉

謹上　以南村預所二郎右衛門尉殿(10)

右は、延慶三年の火災の際の以南村への指示で、この時の奉加も在地に割り当てられ、本斗枡の使用と請取の徴収が義務付けられている。山田村、江村も、割当額は異なるものの指示の内容は同じである[11]。

火災の際の奉加額が、正嘉元年の一〇〇石を先例として毎回同額であるという事実を考慮しても、家領内に建つ寺院への奉加という性格上、その方法が幾通りも存在するとは考え難い。したがって、在地割当という方法も正嘉元年の奉加に遡ると考えてよかろう。すなわち金剛福寺に対する一条家の奉加は、その目的が造営であれ臨時の供養であれ、在地割当・年貢充当・国定枡の使用・寺への直接上納と請取徴収という、国衙による所当官物の上納にも似た体制的な方法で行われていたのである。

「はじめに」で挙げた、東近氏による「勧進の体制化」という定義は、この奉加米の在地割当について、【史料—Ⅱ】に挙げた文書に対してなされたものである。その論拠として引かれているのが、東寺大勧進職願行上人が弘安五年（一二八二）二月、五畿内諸国に対する棟別一〇文の棟別銭徴収を命じる太政官符を得た事実に対し、網野善彦氏が示した「個々の家を遍歴し、勧進を行う代わりに国衙—守護の機構、荘園公領の体制を通じて、棟別に銭を『勧取』するこの方式は、まさしく『門付』勧進の体制化と言わなくてはならない[12]」という見解である。

網野氏が指摘した棟別銭徴収を命じる太政官符は、朝廷から東寺に寄せられた「淀津之升米」をもってしても不足であることを理由にした願行上人の申請に対して下されたもので、鎌倉幕府の全面的協力の下に、当該国の守護等により数年にわたって徴収され、東寺に給付された。したがって東近氏は、一条家による奉加米の在地割当を、棟別銭と同様に位置付けていると解されよう。

棟別銭は文字通り家屋の棟別に賦課される臨時の家屋税で、鎌倉期には官宣旨による朝廷の認可が必要であった。多く寺社造営料の調達を目的として徴収され、勧進に代わる調達手段とされたが、この事実に鑑みるならば

東近氏による「勧進の体制化」は、

①各村の割当の徴収が一条家の荘園支配に支えられている。

②その徴収は村々の家々ごとに強制的に行われた。

③それにより金剛福寺は勧進を免れる。すなわち奉加が同寺の勧進の代替となっている。

以上三点が確認できて初めて体現されると考えられる。

ただし【史料―Ⅱ】では、①の事実は確認できるが、②および③との因果関係は判然としない。氏は割当が「各村の段別や棟別等の生産高や戸数に応じて賦課されていた」として、在地割当と棟別銭との相似性に言及しているが、各村の戸数や生産高等は、割当という方法を選択する上においては当然想定される要因であり、勧進との因果関係を証明するものではない。

その一方で、東近氏の「勧進の体制化」という指摘は、【史料―Ⅱ】に挙げた文書の分析においてのみなされている。氏は筆者が【史料―Ⅲ】で挙げたところの、延慶の火災時の以南村への指示についても分析しているが、「以南村預所に院主心慶の勧進に奉加するよう村内に触れ回ると共に、一条家の奉加米一〇〇石のうち一〇石を寺家に渡すよう命ずるものであった」という説明に留まっており、ここでは「勧進の体制化」は論ぜられていない。

先にも述べたように、奉加米の在地割当は、一条家が正嘉元年時の奉加から踏襲してきた方法であると考えられることから、氏の分析の対象とはされていない【史料―Ⅲ】の延慶三年時の奉加を振り返ってみよう。

この文書によれば一条家は、以南村預所二郎右衛門尉に対して、勧進に協力を促す触れと奉加米割当という、全く性質の異なる二つの指示を出している。

在地割当に関しては、以南村分一〇石を年貢の中から本斗枡で量り、金剛福寺に上納して請取を徴収せよとしており、【史料―Ⅱ】の内容とほぼ変わりない。しかしこの文書ではそれとは別に、「志ある者は院主心慶の勧進に奉加するよう村内に触れ」回ることも命じている。二郎右衛門尉に課せられているのは、以南村の年貢米の中から割当分を金剛福寺に届け請取を取ることと、心慶の勧進に協力するよう村内に触れ歩くことの二点である。しかも、心慶の勧進に応じるのはあくまでも「志ある輩」のみであって、家ごとに一定金額を強制的に僧侶に渡せということではない。明らかに一条家は、自身の奉加と金剛福寺が行う勧進とを区別していると考えられよう。

このように、奉加米の在地割当は、一条家単体としての金剛福寺への奉加を、幡多荘支配の枠組みの中で行うという体制的行為であることは間違いない。ただし、奉加の原資は各村に集積されている年貢米である。年貢米そのものは村人の勤労の結果であり、その意味においては、金剛福寺に届く奉加米は確かに個々の村人の汗の結晶ではある。とはいえそれは、沙汰人が戸別に銭を「勧取」する棟別銭とは本質的に異なろう。金剛福寺の勧進は、一条家の奉加を梃として預所による触れを背景に行われるとはいえ、各村から届く奉加米とは別に金剛福寺自身で在地に求められなければならないのである。

それでは、一条家の触れを後ろ盾として各村に展開された勧進は、在地の善意を汲み上げることができたのだろうか。次項ではこの点を堂舎再建の進捗から考えてみたい。

（二）堂舎再建に見る地域的支援の実態

前述したように、金剛福寺は鎌倉後期に三度の火災に見舞われたが、中でも正応二年に起きたそれは他と比較して損傷の度合いが特に大きかったのか、一条家からは直ちに官米一〇〇石が奉加され、翌年六月にも同額の奉加が行われた[13]。それだけでなく一条家は、造営期間中に限るという条件付ながらも、寺領から上がる初当を各僧の勝手にせず院主快慶に一元的に集め、香山寺という別の寺の供田の一部についても、自由にしていいという特権を金剛福寺に与えた[14]。けれども、同寺はそうした手当てを受けていながら、火災から五年近くが経過しても造営にほとんど着手できておらず、その状況を知った一条家から「已雖及五ヶ年、于今無土木之実云々、是併寺僧等緩怠之故歟、太以無其謂」と厳しい叱責を受けている[15]。

また、延慶三年の火災では堂舎だけでなく本尊も焼失し、同寺は代替仏の調達を一条家に依頼したようである。けれども院主心慶は、その代金を刻限までに納めることが出来ず、造営の遅れと併せて「以外候」と叱責され、事情説明のための上洛まで命じられている[16]。

こうした出来事は、一方では遠国土佐の西の果てに建つ金剛福寺にとって、火災からの再建がいかに困難な事業であったかを物語っている。しかしながら他方では、正応二年火災の例は、同寺が二度の奉加と五年間の貢納免除分を造営に使用せず、私的に流用、あるいは貯蓄していた可能性を示唆しているとも言える。それだけでなく、火災から五年が経過しても造営が全く進んでいないという事実からは、堂舎再建に対する寺の熱意の欠如と共に、このような災難に対しての地域住民の協力があまり得られていないという実態も指摘できるのではなかろうか。「寺僧等緩怠之故歟」という一条家からの叱責は、奉加米下行を梃にひとえに勧進を尽くすはずであった金剛福寺にこそ向けられたものだったのである。

さらに、延慶三年の火災で焼失した件の本尊の代替仏は、先年修復作業が終了した同寺の本尊千手観音立像のことかと思われるが、観音像の胎内墨書には「暦応五壬午歳二月十一日前関白太政大臣藤原朝臣」の銘と、院主心慶・権院主定慶の名前が見える。[17] この「前関白太政大臣藤原朝臣」とは一条家五代経通のことで、経通は火災から六年後の文保元年（一三一七）に誕生しており、暦応四年（一三四一）正月一六日に太政大臣宣下、翌年正月二六日にその職を辞している。[18]

このことから、本尊のための用財は、火災時には誕生してもいなかった経通が、二〇代半ばの青年に成長するのを待つまで調達できなかったのではないかと考えられる。本尊焼失から三〇年以上に及ぶ造営期間を考慮するなら、この事例においても、寺と在地の双方に火災からの復興にかける熱意が存在したことは想定し難い。

(三) 金剛福寺住僧とその周辺

それでは在地にとって金剛福寺とはどのような存在だったと考えられるのであろうか。

同寺と在地との関係性を考える上で参考になると思われるのが、延慶の火災時とその再建時に院主を務めていた心慶の譲状である。元徳二年（一三三〇）正月、心慶は阿闍梨村慶を金剛福寺の次代院主に定めたが、[19] それからまもなく村慶が急死したことによって、正慶二年（一三三三）五月に譲状を書き直し、定慶を新たな後継者に選んだ。[20]

心慶が二通の譲状できつく戒めているのが、「以供田・寺田畠等、譲与道俗男女之輩之条、御祈祷退転之基、寺領顚倒之源也」ということである。心慶によれば、その戒めは「先師南佛」の置文でも明確に言い渡されたことであり、且つ一条家政所下文でも命じられているというが、院主が譲状でこのような指示をしなければならないこと自体、寺領が院主に無断でいつの間にか寺外に譲与されていたという状況が、すでに「先師南佛」の時代から日常化し、歴代院主の度重なる禁止令が一向に遵守されていなかったということの裏返しでもある。

「先師南佛」については次節で詳述するが、一条家政所からの指示にも「寺僧等領知之供田」[21]、「寺領田畠之所当者、造営之間閣寺僧之依怙、為院主之奉行」[22]等の文言が散見され、通常の状態においては院主の管理の縛りから外れた田畠が、寺領の中に存在していたのは確かである。寺僧が私物化し、院主の許可なく寺外の者に譲り渡していたのは、おそらくそうした田畠であろうと思われるが、寺僧と人々とのそうした関係性は、一体どのような事情を背景に醸成されるのであろうか。

大石雅章氏によれば、大和西大寺の寺僧の多くは寺辺の有力農民に出自を持っており、彼ら有力農民は西大寺から給田を受けつつ、他方で年貢負担も負っている存在で、寺領荘園の顚倒期には、西大寺の経済基盤はそうした寺辺の寺領に求められていた、という[23]。

中世の金剛福寺住僧の出自に関しては、一六世紀中葉の院主尊海・尊祐が確認されているが[24]、個々の僧侶について確認できる史料は見当たらない。

ただあくまでも推測でしかないが、その譲与が「寺領顚倒之源」という院主の度重なる戒めに背反する行為であることを勘案すれば、譲与先としてまず想定されるのは僧の肉親であろう。加えて、譲与するものが稲穀・銭等ではなく、土地そのものである点に注目するなら、受贈者には土地所有に意味を見出す存在を想定できる。よって金剛福寺住僧の出身母体も、西大寺同様、田畠の所有に価値を置く有力農民・地方領主にあった可能性が考えられよう。

ただしそのような場合、寺院と寺僧の出身母体とは、寺院の側からは寺僧を生み出した母体を寺領の請負・開発の協力者とする現実的な対象として、在地領主や有力農民の側からは、子弟の受け入れ先である寺院を荘園領主や国衙からの特権取得の際の代理人として、互いに利害を共有する関係になりやすい側面を持つと考えられる。私領の集合については、すでに地方寺院を核とした地域の編成が指摘されているが[25]、地方では預所の下で荘園経営にあたる下級荘官もまた、現地の領主・上級農民等の子弟である場合が多いと考えられ、同様にそこに出身母体を持つ金剛福寺は、現実的に下級荘官の末端に連なることが容易だったのではないか。

寺僧がその出身母体と相反する存在にはなり難いゆえに、金剛福寺と寺僧の出身母体とは現実的な紐帯を保つ。反対に同寺とそれ以外の多数の在地住民との間には、一地方領主と耕作民という土地を通じた収取関係が現れるのではなかろうか。正応や延慶の火災時に見られる造営・本尊用途の遅延は、金剛福寺と在地との間に形成されていたそうした関係性を象徴しているのではないかと考えられるのである。

第二節　幡多荘における金剛福寺の役割

(一) 観音寺領の代請について

次に、前項で見た金剛福寺の一地方領主的側面に留意しながら、同寺による観音寺領の代請について検討を加えたい。

観音寺は、幡多中央平野部の四万十川・後川の合流地点右岸に建つ真言の寺で、峰続きの石見寺山中腹に建つ石見寺を本寺とする[26]。本寺石見寺も金剛福寺同様に空海の開山と伝えられており、「当寺中村御城より鬼門ニ当り御祈願寺也」と、戦国期には京比叡にも擬され、山城醍醐報恩院末寺の立場でありつつも地域的中核寺院として、一時は幡多中央平野部に二六の末寺を数えたほどの大寺であった[27]。

【史料―Ⅳ】

宛行　本郷内中村観音寺事（袖判）

大輔房心慶

右以人、今年中者当寺田畠事、可被致其沙汰也、且於請料者、不可有懈怠之状如件、

永仁六年三月日　　平（花押）[28]

右は、金剛福寺院主心慶に対する観音寺領の宛行状である。

「於請料者、不可有懈怠之状如件」という注意から想定されるように、この代請は心慶が観音寺院主の代わりを務めるというような性格のものではなく、観音寺が請け負っていた田畠の下地支配を金剛福寺が取って代わるという、所領経営の範疇で行われたものである。その後この田畠は、当年限りという当初の約定通り預所に収公されたが、後に行われた検注の際に、自らの相伝を主張する心慶の言が入れられ、再び金剛福寺に返付された[29]。

この一件から推し量るに、金剛福寺・観音寺は共に平某の統括の下で田畠を請け負う存在であり、金剛福寺は幡多最南端の足摺岬に建つという地理的制約にも拘わらず、寺からはるか遠方の幡多中央部に位置する、他寺支配の田畠の請負を志願するという方針をとっていたようである。そして、その田畠が元々は自らに相伝のものと

主張することにより、一時的な代請から長期的な請負に安定的に躍進させるという方法で、寺領を拡大させていたことが推察されよう。

こうした手法は、「金剛福寺文書」に登場する負名の成長からも窺うことができる。

例えば、金剛福寺の供田九樹名は、幡多平野を南北に大きく蛇行する四万十川の下流に、西から流れ込んで合流する中筋川の中流南岸に位置する。この供田が、正嘉二年（一二五八）一〇月の政所下文に初めて九樹名として登場した時の四至は、「東限金柄崎、南限幡峯、西限小布木、北限小河」であった。[30] けれどもこの四至は、かつて長寛元年（一一六三）の検注に際して、同寺の住僧弘睿が国衙への解状で、「件給田万雑公事不可勤之、検注使不可向之由、遠　嵯峨天皇御時、近法性寺入道殿下御時ヨリ免来處、在先判旨明白也」と主張した田畠の内の、安末名・元久名併せて一町の境である「東限金柄崎、南限幡峯」と酷似している。[31]

このことから、九樹名の始まりはおそらく、不動阿弥陀供料として国衙から支給されたこの両名一町であろうと推察する。しかし、弘睿解状では両名併せて一町でしかなかったそれが、正嘉二年には四至を西北に広げ三町となって九樹名と名前を変え、天正一七年（一五八九）の長宗我部氏による検地に至っては、仕上げ三四町余りの「足摺領九樹村」に成長しているのである。[32]

九樹名のこうした拡大が、宛行や寄進の力だけで成し遂げられたとは考え難い。この事例は、たとえ始まりは国衙から支給された経供田であっても、それをきっかけとして金剛福寺自身が、周辺地域を開発・加納するという手法で寺領を増やしていった過程を示している。その拡大の過程、もしくは結果に対して一条家から特権許可を得ている訳であるから、金剛福寺の行為は一条家の認可の下に行われていたと考えていい。これらから導き出される金剛福寺像は、観音寺領の代請以前からすでに幡多荘内の庄・名を請け負い、あるいは開発することで寺領のさらなる拡大を志向する一地方領主としての姿であり、観音寺領代請はその一環として位置付けることができる。

とはいえ金剛福寺には、そうした行為の結果として遠方の田畠に対する具体的管理が発生する。この点に留意し、次にこうした金剛福寺の行動が、どのような歴史的状況を背景として生み出されたのかを考えてみたい。

【図三―Ｉ】金剛福寺と観音寺・香山寺

（二）香山寺「南佛領」の実体

再び正応二年の火災に立ち返り、一条家が金剛福寺に奉加米と共に与えた奇妙な特権を取り上げたい。それは、同寺の造営期間に限り、香山寺という別の寺の供田の一部を自由にしていいというもので、当該供田は政所下文では「香山寺供田内南佛領」と表されている。香山寺にありながらも金剛福寺の災難時に使用されるという性格を持つ、この「南佛領」の正体とは一体何であろうか。

香山寺は、幡多中央平野部の四万十川と中筋川が合流する辺りの坂本にある真言の寺である。幡多にある寺の多くがそうであるように、弘法大師開山の言い伝えを持ち、金剛福寺が田畠を代請した観音寺と同じく石見寺を本寺としたが、天保年中に退転し、中村の大円寺院主がこれを兼帯した[33]。

また南佛とは、前節でも触れた「先師南佛」のことで、一三世紀中葉の金剛福寺院主の名前である。南佛以前から寺は存在し、南佛以前にも院主はいたはずであるのに、後代の院主善雅の譲状では、自身を含めた八代の院主の初めに名前が記されており、開祖とされる空海に次ぐ丁重な扱いを受ける人物である[34]。

この南佛については、建長八年の火災時に一条家に勧進を行い、一連の奉加官米下行の先例となる正嘉元年の奉加米を獲得した、阿闍梨慶全と同一人物であるとする見解がある[35]。活動内容・活動時期の一致、南佛が房名で正式名は南佛房慶全であると考えられること等が理由である。また、香山寺の「南佛領」の存在や、一六世紀末に行われた長宗我部氏による検地で、香山寺領と見られる所が「足摺分」と記されていること等から、香山寺を金剛福寺と一体的な関係を持つ存在であったと位置付けるものでもある。

確かに、後の院主心慶が弟子の中から後継者として初めに選んだのも阿闍梨村慶であった。金剛福寺では阿闍梨が次代院主となる例が多かったと考えられ、南佛とは阿闍梨慶全の後の姿である可能性は大きい。けれども、活動時期・内容の重なりは、両者が院主・阿闍梨の関係にあっても当然起こり得ることであり、両者を同一人物と考える根拠としては十分ではないと思われる。また、石見寺末寺である香山寺に、金剛福寺院主の名前を冠した「南佛領」が後代まで存在することや、検地で香山寺領が「足摺分」と記載されていることを、「一体化」と捉えていいかという点も疑問である。こうした点を踏まえ、香山寺にありながらも金剛福寺が権限を持つという

「南佛領」について考えてみたい。

「南佛領」の具体的な場所と面積は心慶の置文に明らかである。[36] 置文では「南佛房領」となっているが、後代の院主が南佛を呼び捨てにせず房名で呼ぶのはむしろ自然であろう。それによると「南佛領」とは、中村小塚大坪一町、早代長田一町、中津町一町、芋生燈油畠一町の計四町と、シ水ノモト二反、ウ山ノクユキシ燈油田三反を合わせて合計四町五反で、金剛福寺が「小破之時」にはそこから白米を反別一斗供出させ、「大破之時」にはその作分全てを金剛福寺の勝手にできるとある。

金剛福寺の造営期間中に限るという条件付きとはいえ、香山寺にとっては本寺でもない寺からの不条理とも言える特権であるが、その根拠として心慶が挙げるのが「南佛房置文」と一条家の「政所御下文」の存在である。前者は現存していないので「南佛領」に南佛がどのように関わっているのかが判然としない。また後者は、弘安四年（一二八一）に「向後之亀鏡」として、南佛が金剛福寺・香山寺の供田に対する検断および万雑公事の停止を一条家に要請し、それが許可された時の政所下文のことであると思われる。[37] しかしそこには、何のために本末関係にもない寺に対する特権を金剛福寺に許可するのかという点については言及されておらず、したがってこれによっても詳細は不明である。南佛や心慶は一体何を根拠として、香山寺「南佛領」に対する特権を主張できるのだろうか。

両者の主張を勘案すると、「南佛領」とはまず、南佛の存命中からすでに「南佛領」として存在していた田畠であると判断できる。すなわち、南佛が解状で主張した香山寺の田畠に対する特権を、政所下文が「南佛領」と呼んで許可しているのであるから、南佛が金剛福寺院主であった時から、香山寺のその田畠は「南佛領」と呼ばれていたのである。

次いでその田畠は、通常は香山寺が維持・管理していると考えられるものの、実質的権利は南佛が握っており、その意味においては南佛自身の権利がおよぶ田畠であると考えることができる。それだけでなく、後の院主心慶もその権利を当然に保持していると認識していることから、この「南佛領」は南佛から弟子である院主に代々受け継がれていく、別相伝の性格を持つものであったと考えられる。

「南佛領」という呼称自体、通常はその田畠の本来の持ち主の名前を冠していると考えられるものであることから、先のような認識はやはり、香山寺に田畠を与えたのが他ならぬ南佛自身でない限り持ち得ることのできないものではないかと思われる。この点を踏まえ項を改めて、「南佛領」と類似性を持つ田畠を記載した寄進状を取り上げ検討したい。

(三) 香山寺に対する寺領譲与の本質

心慶置文に遡ること一〇〇年前の嘉禎三年(一二三七)一〇月、法橋上人位にある僧侶某が、幡多荘内に建つ香山寺に対し三町の領田を寄進した。当時の幡多は一条家の前身九条家の家領であったと考えられることから、寄進者は僧籍にありながら九条家およびこの家領と所領支配を通じて関係があり、さらに幡多荘内に他寺に譲与するだけの領田を所有していた人物であると考えることができる。

件の寄進状は長文であるため、「南佛領」の検討と直接関連のある冒頭部分のみ取り上げることとする。

【史料—V】

寄進

香山寺（在土佐国幡多御庄本郷内）領田参町事
在坪々等
小塚村内大坪田壱町
早代内長田壱町
中津町田壱町
右、当寺者、観世音利生之道場、御庄中無双之霊地也、所学者、一乗円宗之教迹薫修惟舊、所祈者、天長地久之御願懇祈猶新、是以十一面薩埵之利衆生也、継霊異於補陀落山之生身、三十三現身之度群類也、施無畏於娑婆世界之我在、因茲豫参投歩之輩、併遂悉地之望、竭仰傾首之類、皆蒙空谷之應、四隣一国詎以不帰者乎、爰弟子宿習内催曩縁、外資不図之外、為当庄之庄務、且奉為本家領家之御祈祷、且為今世後世之良福田、以三町之領田所寄進一寺之伽藍也、（中略）
嘉禎三年（歳次丁酉）十月十八日　法橋上人位（花押）(38)

右がその部分であるが、ここに示されているように、僧侶某が香山寺に譲与した三町の内訳は小塚村内大坪田一町、早代内長田一町、中津町田一町である。ところがこの三町は、問題の心慶置文に記された「南佛領」四町五反の内の、中村小塚大坪一町、早代長田一町、中津町一町に酷似しており、記載に多少の差異があるとはいえこの類似性を見過ごすことはできない。

すなわち、この三町の元々の所有者は法橋上人位にある僧侶某であった。それが某の元を離れ香山寺のものとなって以降も、別扱いとして南佛による特権申請の対象となり、その特権を一条家が「南佛領」として許可しているのは、南佛が特権申請の理由として挙げたいきさつを一条家が認めたということに他ならない。そしてさらに、後の金剛福寺院主がそれを「南佛領」として造営用途に別相伝しているとなれば、南佛の特権申請における主張は、それらの田畠が元々は自己所有のものであるということだと推察され、寄進者の法橋上人位にある某自身が南佛その人ということになるのではなかろうか[39]。

問題は、南佛の香山寺に対する領田寄進の目的は一体何かという点にある。

「南佛領」に対する南佛や心慶の主張を勘案すると、この三町が寄進状に謳われているような理由だけで譲与された訳ではないのは確かである。けれどもその田畠に対して災難時の権利主張をすることが目的なら、譲与そのものが不必要であることから、南佛が意図したのは、その三町を金剛福寺の万一の時の充て用にすることそれ自体でもない。あるいはこの寄進は、後の観音寺代請や九樹名の開発・加納につながっていく、金剛福寺による寺領拡大の第一歩ではなかろうか。

いつの時代も、農地の開発はまず用水確保の容易な河川流域に開始される。とはいえ灌漑技術の未熟な中世では、用水は上流から流れてくるものを下流で受け止めるしかなく、幡多について言えば、田畠は四万十川・後川・中筋川等の大河に注ぐ支流が山から平地に降りてきた辺りの傾斜地や、小河川が海に注ぐ河口付近の平地等の、開発可能な箇所から複数の領主によって開発が始まり、その後そうした複数の領主が一地域に乱立したと考えられる。「金剛福寺文書」に登場する村々が、多く幡多中央平野部の河川流域に点在しているのもそのことを示している。すなわちこの家領において中心をなすのはその地域であり、耕作地に適した土地が集中していたのもその地域だったのである。

そして観音寺領の代請に見られるように、この家領では寺院が一領主として田畠を開発・請け負う体制が広範に形成されていたと推察される。加えて僧侶は船所職も務めており[40]、安堵の下文は、給主得替によって職の保有が危なくなった僧慶心が、重代相伝を訴えたことにより発給されたものである。慶心の所属する寺名の記載がなく、船所の実態も判然としないが、下文が公文藤原某・沙弥某の連名で発給されていることは、幡多荘内の寺院や僧侶が、宗教性と同時にいかに多くの世俗的場面を活躍の場とする側面を併せ持っていたかを物語っている。

しかしながら金剛福寺は、幡多最南端の足摺岬に建つという地理的制約のもと、荘内の寺院や僧侶たちが活躍する請負にも流通への参加にも著しく不利であった。香山寺への寺領譲与は、この不利を克服するための足掛かりであったと考えることはできないであろうか。

時代は降るが、一六世紀末に行われた長宗我部氏による検地に見える金剛福寺領は、寺辺の足摺岬周辺は言うに及ばず、そこから津・浦伝いに海岸線を北上して四万十川河口に至り、その下流域から中筋川中流域に広がる幡多平野に点々と連なっている[41]。その二〇〇町に及ぼうかという寺領の存在は、幡多中心部の二大河川合流地点という最高の立地条件を有する香山寺を足掛かりにせずには成し得ない大業であり、香山寺を協力者とすることなくしては保つことが困難な形成規模であると思われる。

それのみならず、そうした金剛福寺領の拡大は、同寺による香山寺領の浸食の結果である可能性も指摘できよう。

香山寺は、一四世紀には香山寺山全体を結界内に包摂し、坂本だけでなく中村・具同を中心に幡多郡中部に多くの寺領を保有していたという[42]。けれども先の検地ではその地域に香山寺領は皆無であり、反対に目につくのは金剛福寺領の多さである[43]。もとより、一六世紀末の検地による寺領の範囲が、中世に展開されていた寺領と同一でないことは自明ではあるが、寺領拡大という文脈の中で、消えた香山寺領とそれにとって代わる形で広がる金剛福寺領を見る時、南佛が割き分けた三町の重要さが改めて認識できるのではなかろうか。南佛による領田三町の譲与が、幡多に建つ他の多くの寺ではなく、香山寺になされなければならなかった理由がここにある。

ところで先にも紹介した東近氏は、船所職を安堵された慶心について「文書が金剛福寺に伝来していることから、慶心は金剛福寺の末寺である香山寺あるいは観音寺の僧侶であろう」として、慶心が「船所職として年貢の輸送を請負い、収取された年貢米を管理し、梶取や水手を使役し、直属の船を持って年貢の輸送に当たったものと考えられる」と説明している。

けれども、文書が金剛福寺に伝来していることからすれば、慶心はむしろ金剛福寺の僧である可能性の方が高いのではなかろうか。

また慶心の事例は、確かに諸所の産物の流通の一端に寺院と僧侶が進出していたことを如実に示してはいるものの、時は年貢の代銭納が一般的となっていた一三世紀後半である。畿内からはるか遠方の幡多荘に対し、一条家がいかなる理由で年貢の現物京上という手段を取っていたのか、一寺院もしくは一荘園領主の「直属の船」とはどのような存在形態なのかを含め、氏の見解には更なる実証的検討が求められると言えよう。

おわりに

中世幡多地域における金剛福寺の位置付けについて、「金剛福寺文書」を材料に大変煩雑な検討を繰り返したが、そこから得られた一応の結論を以下に述べ、まとめとしたい。

まずこの地域では、耕作地に適した土地や地域内の主な施設が、貴重な平野部である四万十川河口付近に集中しており、宗教性と共に一領主的立場を帯びた寺院や僧侶が、地域の社会経済的役割を担うという体制が広範に形成されていたという状況が背景として存在する。幡多最南端の足摺岬に建つという地理的制約から、それらへの参加が著しく不利な状況に置かれていた金剛福寺は、その不利を克服する必要があった。そのために同寺がとった方法が、新たな領主となったばかりの一条家への接近と、貴重な平野部に建つ香山寺への、寺領譲与をきっかけとした本末関係とは質的に異なる関係性の志向であった。

香山寺に譲与した供田は、通常は香山寺が維持・管理していながら、金剛福寺が大事に至った時には同寺の自由にできるという性格を備え、それは代々の金剛福寺院主に権利が引き継がれる別相伝の性格を持つものであった。この譲与を受けたことによって、香山寺は「南佛領」と呼ばれるそれらの供田の存在により、本寺でもない金剛福寺の意向を無視できない立場となったのである。

そうした金剛福寺を後方から支えたのが領主一条家である。

金剛福寺は、鎌倉期後半に三度の火災に見舞われたが、一条家はその都度、同寺からの要請に応えて奉加米を下行した。それのみならず、臨時に催される供養に対しても同様の措置をとり、奉加米の在地割当・年貢米からの供出という荘園支配を通じた体制的な方法で金剛福寺を援助し続けた。香山寺における「南佛領」に対する金剛福寺の奇妙且つ不条理な特権についても、金剛福寺の主張を鵜呑みにし承認している。これらから、金剛福寺と一条家との関係性は一条家が独自に判断した結果としてではなく、金剛福寺の要請に機械的に応え続けたことによって緊密化していったと結論できる。

その一方で、一地方領主という性格を特化させた金剛福寺は、現地では人々の精神的指導者としての尊敬はあまり得られてはいなかったことが窺える。本文で述べたような、正応・延慶の火災時の造営遅延・本尊用財の調達遅延に見られるのは住民の協力の不在であり、かかる状況を踏まえた上での一条家への援助要請であったとも考えられよう。

これらを実現した院主南佛については、「中此住持」に過ぎないにも拘わらず[44]、寺内では院主の初めという認識が後世まで受け継がれており[45]、現存していないとはいえその置文は、後代院主の譲状では一条家からの令達を含む重書と同等に扱われている[46]。これは、南佛がそれまでとは異なる画期的な手法を用いて、金剛福寺を繁栄に導いたからであろうと推察する。

一条家からの支援を確実にした手腕もさることながら、香山寺に割き分けた寺領に対し、共に荘務を助ける体制を謳いながら幡多荘の中核に進出し、自らの特権の保留を一条家に認めさせることで足場を築き、徐々に平野部を蚕食していくという手法こそ画期的であった。南佛が後代の金剛福寺院主に始まりとして位置付けられる証左であろう。

金剛福寺は、永正一八年（一五二一）に京都仁和寺尊海が幡多に下向して院主となったことにより、以後仁和寺末寺としての道を歩む。尊海の幡多下向は、土佐一条家初代房家からの要請を背景としたもので、「足摺、号金剛福寺、久流流等之事、忘廃之間、当門為末寺分、此般再興之望候者[47]」という理由によるものであった。「久流流等之事、忘廃之間」を、一条家からの庇護の衰退からくる物質的欠乏ととらえ、南北朝以降の一条家による幡多荘支配の陰りを指摘する説もあるが[48]、この場合の「流流忘廃」とはむしろ、地方領主としての一面が顕著であったがための、宗教的指導者としての精神的荒廃と捉えるべきではなかろうか。尊海は金剛福寺を仁和寺末となすために、住僧等の宗教面・精神面を寺格にふさわしい形で充実させることを目的として下向したのではなかったか。

尊海が下向後執筆した『蹉跎山縁起』の成立をみたことで、金剛福寺はこの時から幡多における観音霊場の聖地・道場としての新たな歴史を歩み始めたと考えられよう。

注

(1) 尊海編「金剛福寺縁起」（『土佐国史料大成　土佐国群書類従』二〇〇九年、第一一巻所収、巻第一二八）。
(2) 坂本亮太「中世荘園と祈願寺」（『ヒストリア』一九八号、二〇〇六年）。
(3) 市村高男「中世日本の中の蹉跎山金剛福寺―土佐一条氏との関連を中心として―」（『よど』第八号、西南四国歴史文化研究会、二〇〇七年）。
(4) 東近　伸『中世土佐幡多荘の寺院と地域社会』リーブル出版、二〇一四年、「第一部　金剛福寺の勧進活動と地域社会」、本論文からの引用は出典を省略する。
(5) 「金剛福寺文書」正嘉二年七月二四日「預所前備中守中原朝臣下文写」。
(6) 「金剛福寺文書」永仁六年三月日「平某宛行状写」。
(7) 「金剛福寺文書」正嘉元年四月日「前摂政家政所下文写」および同年同月一八日「源則長奉書写」、正応二年五月日「前摂政家政所下文写」および同年六月一日「源則任奉書写」、延慶三年二月日「権大納言政所下文写」および同年同月日「源清兼奉書写」。「源則任奉書写」は『高知県史　古代中世史料編』（高知県、一九七七年）所収の「土佐国蠹簡集」には収録されておらず、『土佐国史料集成　南路志』第九巻所収の「土佐国蠹簡集」より引いた。
(8) 「金剛福寺文書」正安二年一一月日「左大将家政所下文写」。
(9) 「金剛福寺文書」正安二年一一月一五日「右兵衛尉助材奉書」。
(10) 「金剛福寺文書」延慶三年二月一四日「左衛門少尉助親奉書」。
(11) 「金剛福寺文書」延慶三年二月一八日「左衛門少尉□□奉書」、および延慶三年二月一六日「前伊賀守奉書」。
(12) 網野善彦『中世東寺と東寺領荘園』東京大学出版会、一九七八年、「第三章　東寺修造事業の進展」。
(13) 「金剛福寺文書」正応三年六月一日「源則任奉書」。

(14)前掲注(7)正応二年五月日「前摂政家政所下文写」。
(15)「金剛福寺文書」正応五年一二月日「前摂政家政所下文」。
(16)「金剛福寺文書」無年号九月二〇日「刑部権少清兼奉書写」。
(17)「土佐清水市四国霊場第三八番札所金剛福寺―木造千手観音菩薩立像修理報告及び像内納入品概要報告―」(『高知県歴史民俗資料館研究紀要』第一五号、二〇〇六年)。
(18)『公卿補任』正中二年、暦応四年、同五年項。
(19)「金剛福寺文書」元徳二年正月一八日「心慶譲状」。
(20)「金剛福寺文書」正慶二年五月一〇日「心慶譲状」。
(21)「金剛福寺文書」弘安一一年二月日「前摂政家政所下文写」。
(22)前掲注(7)正応二年五月日「前摂政家政所下文写」。
(23)大石雅章「中世大和の寺院と在地勢力」(『ヒストリア』八五号、一九八〇年)。
(24)野澤隆一「足摺岬金剛福寺蔵土佐一条氏位牌群」(『国学院雑誌』第八七巻四号、一九八六年)。尊海は「金剛福寺縁起」を残した京都仁和寺真光院僧正で、尊祐は土佐一条家初代房家の息子であることが明らかにされている。
(25)久野修義「中世寺院と社会・国家」(『日本中世の社会と寺院』橘書房、一九九九年)。
(26)秋澤繁ほか編『土佐国史料集成　南路志』第三巻、高知県立図書館、一九九一年、巻二八、観音寺村項。
(27)前掲注(26)安並村項。
(28)前掲注(6)。
(29)「金剛福寺文書」嘉元三年三月七日「右衛門尉定康奉書写」。
(30)「金剛福寺文書」正嘉二年一〇月日「前摂政家政所下文写」。
(31)「金剛福寺文書」年月日不詳「弘睿陳状写」。
(32)『長宗我部地検帳』高知県立図書館、一九五七年～一九六五年。幡多郡分冊五冊「幡多郡　上の一」「幡多郡　上の二」「幡多郡　中」「幡多郡　下の一」「幡多郡　下の二」のうち「幡多郡　中」、六七一頁～六八九頁。
(33)前掲注(26)坂本村項。

(34)「金剛福寺文書」永享一三年正月一六日「法印善慶譲状」。
(35) 前掲注(3)。
(36)「金剛福寺文書」建武二年卯月七日「心慶置文写」。
(37)「金剛福寺文書」弘安四年五月日「前摂政家政所下文写」。
(38)「金剛福寺文書」嘉禎三年一〇月一八日「法橋上人位某寄進状写」。
(39) 法橋上人位某と南佛が同一人物であるとするならば、南佛の院主在位期間は四〇年を超えるが、金剛福寺では珍しいことではない。延慶の火災時に院主を務めた心慶は正慶二年譲状で定慶を後継者に定めたが、前掲注(18)で挙げた木造不動明王立像胎内の院主心慶、権院主定慶という墨書から、心慶が譲状作成以後一〇年近くも院主の座に留まっていたことが分かる。心慶が観音寺領を代請したのは永仁六年であるから、心慶の院主在位期間も南佛同様に四〇年を超えたと考えられる。
(40)「金剛福寺文書」文永一二年三月日「公文藤原某・沙弥某連名下文」。
(41) 前掲注(32)分冊五冊による。
(42) 市村高男「戦国都市中村の実像と土佐一条氏」(『よど』第一〇号、西南四国歴史文化研究会、二〇〇九年)。
(43) 前掲注(32)では、坂本・中村・具同の村々に香山寺領は見いだせない。代わりに給人や名請が「モト金剛福寺領」「モト足摺領」等の記載も含め、二〇町を超える金剛福寺領が見られる（中村郷＝「幡多郡　中」九四～一九二頁、具同村々＝「幡多郡　中」二八〇～三六五頁、坂本村々＝「幡多郡　中」四四九～四五六頁）。
(44)「金剛福寺文書」文明一一年八月一八日「法印禅雅譲状」。
(45) 前掲注(24)で、野澤氏は土佐一条家関係者の位牌作成者を一六世紀中葉の院主尊祐であるとしている。全二二枚の位牌のうち、金剛福寺の歴代別当一一人を記したものにも南佛が初めに記されており、別当の始まりは南佛という認識が後世まで確立していたことを示している。
(46)「金剛福寺文書」貞治三年一〇月一日「隆慶譲状」。
(47)『大日本史料第九之十三』所収「永正十八年八月日次記」永正一八年六月二三日条。
(48) 前掲注(3)。

補論　所謂「金剛福寺文書」について

すでに本書序章の注において述べているが、所謂「金剛福寺文書」とはそのような名前の文書群があるのではなく、本書執筆にあたり、近世に史料集として編纂された「土佐国蠹簡集」「土佐国蠹簡集拾遺」「土佐国蠹簡集脱漏」「土佐国古文叢」等に載る金剛福寺関連の文書を総称して便宜上そう呼んでいるものである。文書の原本は金剛福寺が所蔵しているということになっているが、閲覧許可がいただけなかったため、ここでは『高知県史古代中世史料編』（以下、『県史史料編』と略記[1]）所収の「土佐国蠹簡集」「土佐国蠹簡集脱漏」（同「蠹簡集」「脱漏」）を使用した。この所謂「金剛福寺文書」について、いくつか検討を試みたい。

山本大氏による『県史史料編』の解題によれば、一方の「蠹簡集」は、近世の土佐藩士奥宮正明《おくのみやまさあき》が編集した古文書の集成で、正明晩年の享保一〇年（一七二五）前後に編纂されたものである。しかしながら原本は一九世紀初頭までには失われており、高知県立図書館・高知大学・東京大学史料編纂所等に数種類の写本が存在する。

他方の「脱漏」は、武藤平道《むとうひらみち》の編纂による史料集で、その名の通り「蠹簡集」を補うものとして位置付けられる。武藤は安永七年（一七七八）に高知城下に生まれており、生年から考えて「脱漏」を編纂したのは一九世紀前半のことと考えられるが、こちらも原本は失われており、高知県立図書館に写本が所蔵されているのみである。

以上が山本氏による解題の大略であるが、これにより、現在複数存在する「蠹簡集」「脱漏」の刊本は、いずれも原本ではなく写本を底本として翻刻・発刊されており、金剛福寺が原本の開示を認めていないことから、同文書に関しては写本を材料として検討するしかないという現状が明らかとなる。

どの文書を中世文書と位置付けるかは、研究者の研究対象によって若干異なると考えられるが、本書では、「蠹簡集」からは三一通、「脱漏」からは二五通の文書を取り上げて「金剛福寺文書」と総称した。ただし、「脱漏」に載る文書の中の四通は「蠹簡集」に収録されている文書と重複し、「脱漏」自身での重複が一通あることから、本稿が対象とする関連文書の通数は【表補―I】に示したように合計五一通となる。

「脱漏」自身の重複とは、史料番号37の文書で、「脱漏」文書番号では88と95の文書のことである。88は延慶二年（一三〇九）二月一八日、95は延慶三年（一三一〇）二月一八日の文書であるが、年代が異なるだけで日付・文書の内容等は全く同一であり、いずれも幡多荘内の山田村に対し、金剛福寺への奉加米の割当を指示したものである。

本文書の前後に収録されている文書のうち、93が延慶三年二月一四日付以南村宛、94が延慶三年二月一六日付江村宛に、延慶三年初頭に金剛福寺が見舞われた大火に対し、一条家が奉加米一〇〇石を下行することとし、両村に割当分を通知したものであることを勘案するなら、当該文書もその一部と考えるのが自然である。したがって筆者は延慶二年とする88を武藤の誤記とみなし、95との重複とした。

『県史史料編』の「脱漏」には88、95共に収録されている。ただし88の文書の後に、「本文書は「脱漏九五」と同文であるが、原編者が延慶二年と誤写してここに収録したものである。従って本文は『金剛福寺文書』によったが、年号は誤写のままとした。(2)」という、おそらくは山本氏によると思われる注記が付けられている。

ところで山本氏は、高知市立図書館が昭和五五年（一九八〇）に編纂・刊行した『高知県歴史辞典』において

も、土佐における歴史用語の解説を担当しており、その中で「金剛福寺文書」の通数について、

金剛福寺はたびたびの火災で伝来の古文書を失ったが、なお貴重な文書は伝えられている。現存文書は五三通あるが、そのうち現文書は二一通（鎌倉期一三通、南北朝期八通）で他は写しである。平安末期の文書は『平安遺文』に収録されているが、中世の一条氏と幡多庄、さらに金剛福寺との関係を物語る摂政家（一条氏）政所下文・金剛福寺修復造営文書・院主職譲状等の文書は比較的多く現存している（土佐国蠹簡集・古文書叢等にも収録されている）(3)。

と解説している。

「貴重な文書は伝えられている」「現存文書は五三通」という文言により、同辞典が編纂された段階で、「たびたびの火災」による焼失を免れた文書が実際に金剛福寺に五三通所蔵されており、それを山本氏が閲覧した上で、そのうち二一通が「原文書」すなわち正文で、あとの三二通は「写し」であることを確認してこの解説文を作成した、と解されよう。

しかしながら、【表補―I】に見られるように、東京大学史料編纂所が所有するところの、金剛福寺を原蔵者とする同文書の「影写本（明治二六年（一八九三）影写終了）」の通数は二一通である。

この「影写本」とは、山本氏が『県史史料編』の「蠹簡集」の解題において、「高知県立図書館・高知大学・東京大学史料編纂所等に数種類の写本が存在する」と述べた中の、東京大学史料編纂所の写本に該当すると考えてよかろう。同編纂所は、平成元年（一九八九）にも金剛福寺を再訪して文書の写真撮影を行い、その翌年に

「写真帳」として収録している。「写真帳」の通数は二四通であるが、内容は「影写本」と同様の文書二一通に、祭文・縁起等三通が加わっている(4)。

あらためてこれまでに述べたことを時系列に並べてみよう。

①享保一〇年(一七二五)頃、奥宮正明の「蠹簡集」に収録された中世の金剛福寺関連文書約三一通。
②一九世紀前半頃に、武藤平道の「脱漏」に収録された中世の金剛福寺関連文書約二五通。
③明治二六年(一八九三)、東大史料編纂所が影写を完了させた金剛福寺を原蔵者とする文書二一通。
④昭和五五年(一九八〇)、『高知県歴史辞典』刊行。この段階で解説者の山本氏が「金剛福寺文書」の通数を「現存文書五三通、うち原文書二一通、写し三二通」と説明する。
⑤平成二年(一九九〇)、東大史料編纂所が「写真帳」作成、収録された文書数は「影写本」の二一通に祭文・縁起等三通を加え二四通。

このうち【表補―Ⅰ】には①、②、③および⑤を一覧している。「影写本」と「写真帳」に収録されている文書は、★マークで示している。ここでは、本書での検討に用いた中世の文書のみを一覧しているため、両者に収録されている文書のうち、近世の文書一通と祭文・縁起等三通は欄外に注記し、一覧には含まれていない。また原文書の確認ができないこと、山本氏が「現文書」とした二一通が東京大学史料編纂所の「影写本」と同数であること等から、「影写本」以外の文書は山本氏に従い「写」としている。

【表補―Ⅰ】本書における所謂「金剛福寺文書」一覧

史料番号	『高知県史』所収の中世金剛福寺関連文書		「蠹簡集」文書番号	「脱漏」文書番号	史料編纂所影写本	史料編纂所写真帳
1	応保元年(1161)12月　日	幡多郡収納使西禅宛行状写	2			
2	嘉応元年(1169)8月　日	金剛福寺住僧弘叡解状写	3			
3	年月日不詳	弘叡重注進状写	4			
4	嘉禎3年(1237)10月18日	法橋上人某寄進状写	5			
5	正嘉元年(1257)4月　日	前摂政家政所下文写	12			
6	正嘉元年(1257)4月18日	源則長書状写	13			
7	正嘉2年(1258)7月24日	預所前備中守中原朝臣下文写	14			
8	正嘉2年(1258)10月　日	前摂政家政所下文写	15			
9	文永12年(1275)3月　日	公文藤原某・沙弥某下文		82	★	★
10	弘安4年(1281)4月　日	前摂政家政所下文写	18			
11	弘安4年(1282)5月　日	前摂政家政所下文写	19			
12	弘安11年(1288)2月　日	前摂政家政所下文写	22			
13	正応2年(1289)5月　日	前摂政家政所下文写	23			
14	正応2年(1289)5月　日	前摂政家政所下文写	24			
15	正応2年(1289)5月　日	前摂政家政所下文	25	83	★	★
16	正応2年(1289)5月24日	前大蔵少輔安倍朝臣書状写	26			
17	正応2年(1289)6月1日	源則任奉書写	27			
18	正応2年(1289)6月2日	親秀書状	28		★	★
19	正応3年(1290)6月1日	源則任奉書	29	84	★	★
20	正応5年(1292)12月　日	前摂関家政所下文		85	★	★
21	永仁6年(1298)3月　日	平某宛行状写	33			
22	正安2年(1300)11月　日	左大将家政所下文写	34			
23	正安2年(1300)11月　日	左大将家政所下文写	35			
24	正安2年(1300)11月12日	前能登守書状写	36			
25	正安2年(1300)11月15日	右兵衛尉助材奉書		86	★	★
26	嘉元2年(1304)3月12日	前淡路守重康奉書	37	87	★	★
27	嘉元2年(1304)3月　日	嘉元元年検注帳目録写	38			
28	嘉元3年(1305)3月7日	右衛門尉定康奉書写	39			
29	無年号　9月25日	奉書写		89		
30	無年号　9月20日	刑部権少輔清兼奉書写		90		
31	無年号　9月21日	肥後守奉書写		91		
32	無年号　4月7日	心慶書状写		92		
33	延慶3年(1309)2月　日	権大納言家政所下文写	40			
34	延慶3年(1309)2月　日	源清兼奉書写	41			
35	延慶3年(1310)2月14日	左衛門尉助親奉書		93	★	★
36	延慶3年(1310)2月16日	前伊賀守奉書		94	★	★
37	延慶3年(1310)2月18日	左衛門尉□□奉書	42	88・95	★	★

38	元応元年(1319) 5月22日	左衛門尉助親書状		96	★	★
39	嘉暦元年(1326) 5月13日	左衛門尉重助書状写	52			
40	元徳2年(1330)正月18日	権僧都心慶譲状		97	★	★
41	元弘4年(1334)正月24日	左衛門尉定冬書状写	57			
42	正慶2年(1333) 5月10日	権僧都心慶譲状		98	★	★
43	建武2年(1335) 4月7日	権僧都心慶置文写	58			
44	文和3年(1354) 5月3日	戸波郷名主供僧百姓等連署状		99	★	★
45	貞治3年(1364)10月1日	隆慶譲状		100	★	★
46	応永5年(1398) 7月　日	信濃高秀譲状		101	★	★
47	応永25年(1418) 3月27日	権律師□慶奉書		102	★	★
48	永享13年(1441)正月16日	法印善慶譲状		103	★	★
49	文安4年(1447) 3月29日	前大蔵卿奉書		104	★	★
50	文明11年(1479) 8月18日	法印善雅譲状		105	★	★
51	享禄5年(1532)	尊海筆蹉跎山縁起奥書		106		★
		計51通	計31通	計25通	計20通	計21通

※原文書の内容が確認できないため、「影写本」「写真帳」に該当するもの以外は『高知県歴史辞典』に従って写としている。

※この他に「影写本」には近世の文書1通、「写真帳」には「影写本」と同じ近世の文書1通と祭文・縁起等3通が含まれている。

所謂「金剛福寺文書」における第一の疑問は、どのような理由で「影写本」「写真帳」の採録から「写し」が外されたのかと言うことである。

佐藤進一氏が名著『古文書学入門』で解説しているように、「写し」には本質的効力に基づいて作成される写しと、そうでないものの二種類に分けられる[5]。すなわち、法令や命令の布達・訴訟の証拠等に用いるために作成するものは前者であり、後の参考にするとか、学問研究上の材料にするために書き写す等は後者に属す。史料編纂の際には、前者は案文と呼ばれ、例えば正文の「前摂関家政所下文」に対し「前摂関家政所下文案」のように文書名で区別されるとはいえ、正文と同じく史料として「○○家文書」のように一体として収録される。

したがって考えられるのは、この三〇通を超える「写し」は、採録の際に単なる写と判断されて採録から外されたということであろう。

しかしながら、個々の文書の内容に頼るしかないが、それらの文書の中には明らかに一条家側が後日の証拠として作成した案文と判断するほかないものが混じっている。

一例を挙げると、一覧に挙げた文書の中の史料番号15は、正応二年（一二八九）に発生した火災によって、金剛福寺が堂舎焼失の憂き目に遭ったのを支援するために、幡多荘内の住人に金剛福寺院主快慶の勧進に奉加するよう指示するとともに、造営の間は、香山寺という寺の供田の一部を同院主の自由にしていいという許可を与えた政所下文である(6)。

この政所下文には、一通の政所下文の案文が判形を据えて副え下されていた。それが一覧の史料番号5である。

この文書は、金剛福寺と一条家との関係性が確認できる文書の初見となる政所下文であり、文書には「蹉跎御崎回禄時造営御下文案　正嘉元年四月」と上書きされている(7)。

この案文は、建長八年（一二五六）八月二七日夜半に金剛福寺が大火に見舞われた際に、同寺の阿闍梨慶全の言葉を借りるならば、仏閣・神殿・宝器ことごとく灰燼に帰したことに対し、慶全が一条家に支援を要請する解状を提出し、それに応えて発給された正嘉元年（一二五七）の政所下文の、一条家側が作成していたものである。内容は慶全の勧進に応えて奉加を行うよう在地に促すもので、併せて一〇〇石の奉加米が一条家から下行されたことにより、金剛福寺に対する一条家からの堂舎造営の援助の始まりと位置付けられる重要な文書である。

史料番号15の内容は、この時の対応を先例として踏襲している。通常であれば、こうした際の一条家側の対応としては、前回の内容を踏襲した政所下文の発給と、前回と同様の奉加米一〇〇石の下行だけで十分ではないかと思われる。しかし、それに加えて正嘉元年発給の政所下文の案文までが副え下されたのは、金剛福寺からの要請があったからではないかと筆者は考えている。その理由は次の一事による。

一条家の援助には、造営用財や奉加用財を下行する物質的・直接的なものの他に、寺領への検注使や沙汰人の入部停止・公事免除等の日常的な特権を許可するものがある。両者の間におけるそうした下文の始まりと位置付けられるのは、史料番号8に挙げた正嘉二年（一二五八）一〇月発給の政所下文であると考えられるが、実はこれも、正応二年の火災で焼失したので向後のために再発給してほしいという金剛福寺の要請を受け、一条家側が所持していた案文に判形を加えて同寺に送られたものだからである。(8)

よって、史料番号5と8は一条家側が後日に備えて作成していた案文であり、単なる写ではない。特に史料番号5の上書きは、こうした経緯を如実に示すものであると考えられよう。

またこの時金剛福寺は、この火災では代々の政所下文を焼失してしまったという理由で、向後の亀鏡となすべく、この段階で同寺が挙げる供田に対する公事免除と検注使入部停止を命じる下文の発給を嘆願し、一条家政所からは改めて嘆願の内容を受け入れた史料番号13と14の政所下文が発給された。(9)一条家家司源則任は、この二通の政所下文発給に際して、案文を作成し判形を加えたものを別途金剛福寺に渡すよう指示している。(10)

このように、史料番号5、8、13、14は、政所職員が案文に判形を据えて金剛福寺に下給した、いわば正文と同様のお墨付きのようなものである。東京大学史料編纂所の採録時に金剛福寺がこれらの文書を提出していれば、写とみなされて採録から外されるということは考えられない。

さらに、『県史史料編』に収録されている「蠹簡集」の所々には、「右四通幡多郡足摺山蔵、凡三十五通(11)」、「右十通足摺山蔵凡三十五通(12)」のような注記がある。

前者は、一覧の「蠹簡集」文書番号2から5までの四通を挙げた後の余白に記され、後者は同じく「蠹簡集」文書番号33から42までの一〇通を挙げた後の余白に記されている。これは奥宮正明が編纂した「蠹簡集」そのものにそうした注記をしており、『県史史料編』がそれをそのまま収録したものだと思われる。奥宮が書写した時点では、奥宮の前には実際に三五通の文書があり、これら四通、もしくは一〇通の文書は、おそらくひとかたまりにされていたのであろう。したがってその段階までは、それらの文書は確かに金剛福寺に保存されていたのである。

加えて、「脱漏」がその名のごとく「蠹簡集」に収録漏れのものを蒐集したものであることを踏まえるなら、編纂者の武藤平道は、とりあえず金剛福寺に所蔵されている文書すべてを書き写した後に、「蠹簡集」に収録されたものを外して編纂集にしたか、書写する段階で奥宮がすでに書写し終えている文書を判別してはずし、それ以外の文書を書き写し編纂したと推察される。それゆえ、遅くとも武藤が「脱漏」を編纂した一九世紀前半の段階までは、「蠹簡集」「脱漏」に収録された五〇通を超える文書群は、間違いなく金剛福寺に所蔵されていたのではなかろうか。

そうすると、考えられる第二の理由は、奥宮と武藤が書写した一八世紀前半から一九世紀前半以降、東大史料編纂所が影写本に採録する一九世紀末までの間に、何らかの理由で「写し」とされる三十数通だけが失われたというものである。このため同編纂所はそれらを採録できず、「蠹簡集」「脱漏」に書写されたものだけがそうした文書の存在を示すものとして残り、山本氏もそれらを「写し」としか位置付けられなかったということである。

しかしながらその場合、それまでは四通・一〇通とまとめられていたものが、一体どのような理由でばらばらにされ、一部は残り一部は失われる羽目になったのかが判然としない。

土佐清水市の記録には、藩政期から近・現代にかけて同地の地震・水害等の記事が列記されているが、金剛福寺および同寺が所蔵する文書の損傷の記述は見あたらない[13]。「特筆すべき大地震」と言われた嘉永期の大地震においては、揺れや津波によって土佐国は甚大な被害を被り、幡多地域の漁村はいずれも一面海ともなる被害を被ったが、金剛福寺が建つ伊佐村と、松尾村・大浜・中浜等の周辺の村々は、「ゆりもほそく（揺れも少なく・筆者注）別条なし」と記されており、ほとんど被害がなかったと考えられる。同寺付近は、山地が垂直に海面に落ち込むような幡多地域特有の海岸線の中でも特に高い絶壁の上に位置し、地震に伴う津波の被害もまず考えられない。それのみならず、台風銀座とも呼ばれる土佐清水市は、明治・大正・昭和期を通してほぼ毎年のように台風の襲来があったことが記載されているが、そこにも金剛福寺が文書を亡失するような被害を被った記述は見当たらない。

「写し」とされる三〇通を超える文書は、一体いつ、どのような事情によって姿を消したのであろうか。重要であるのは、「影写本」「写真帳」に収録された文書は、院主譲状を中心とした比較的年代の新しいものや、一見しただけでは金剛福寺と一条家の関係性が分かりにくいものが多く、中世に緊密な関係性を構築していたと言われる両者の、そうした関係性を裏付ける一四世紀初頭までの文書は、ほとんどがその「写し」とされるものの中に存在しているという事実である。

所謂「金剛福寺文書」の際立った特質は、寺側が提出した解状・陳状に応える形で機械的に発給されたと考えられる、一条家政所下文を中心とする令達がほとんどを占めていることである。よって両者の関係性は、金剛福寺の主張を一条家が後追いする形で形成されたとみなければならない。そのことは各々の文書の分析によって明らかではあるが、そうした関係性を示す文書の多くが「写し」であることに、ある種の意図を考慮する必要はないのであろうか。

文書は「特定の対象に伝達する意思をもってするところの意思表示の所産」[14]である。文書のあるところ、必ず特定の人間の伝えるべき意思が存在し、その意思が特定の誰かに向けて示されたという事実が存在する。後世に生きる我々は、そうした文書から差出者と受取者の関係や歴史的事実を読み取り、記録と共に歴史を研究するための史料として活用することで過去を再現し、それを現在の中に位置付ける作業を続けていく。

求められるべきは、金剛福寺が所蔵するすべての文書が研究者に広く開示され、「写し」に関する疑問が解明されるとともに、古文書学的検証を経たそれらの文書の史料的価値が明確にされることであろう。その作業はやはり、誰よりも文書の所有者である同寺と、土佐の歴史研究者自身の手によってなされなければならないと考える。

注

(1)『高知県史　古代中世史料編』高知県、一九七七年。
(2)前掲注(1)九五〇頁、「土佐国蠹簡集脱漏」八八号文書注記。
(3)『高知県歴史辞典』高知市立図書館、一九八〇年、二九一頁。
(4)『東京大学史料編纂所報』第二五号一八頁の解説には「本所では、一八八八年に採訪を行い、影写本所収の文書は、今回の調査でも全て確認された」とあり、写真帳に収録された文書のうち三点が影写本未収録であることが付記されている。
(5)佐藤進一『新版　古文書学入門』法政大学出版局、一九九七年。
(6)「金剛福寺文書」正応二年五月日「前摂関家政所下文」。
(7)「金剛福寺文書」正嘉元年四月日「前摂政家政所下文写」。
(8)「金剛福寺文書」正応二年五月二四日「令前大蔵少輔安倍朝臣書状写」および正嘉二年十月日「前摂政家政所下文写」。
(9)「金剛福寺文書」正応二年五月日「前摂関家政所下文写」二通。

（10）「金剛福寺文書」正応二年六月一日「源則任奉書写」。
（11）前掲注（1）二二二頁、「土佐国蠹簡集」五号文書注記。
（12）前掲注（1）二三八頁、「土佐国蠹簡集」四二号文書注記。
（13）『土佐清水市史』土佐清水市、一九八〇年、六七九頁〜七一九頁、「市誌七―災害」。
（14）佐藤進一『新版　古文書学入門』法政大学出版局、一九九七年、一頁。

〔付記〕

本稿脱稿後に、市村高男氏による「土佐国中世文書の写真及び関連史料集の収集―収集史料のコメントと目録―」（平成一〇年度高知大学教育改善推進費研究成果報告書）「中世土佐一条氏関連の資料および遺跡調査とその基礎的研究」（平成一四〜一六年度科学研究費補助金基盤研究（C）（2）研究成果報告書）に接する機会を得た。前者の収集史料の中に所謂「金剛福寺文書」が含まれているが、ここでは東京大学史料編纂所の影写本二一通の文書名が列記されているのみである。市村氏の解説には「私はまだこれらの文書の原本を実見していないが、金剛福寺で大切に保存されていることが確認されている」とある。

そして後者は、おそらくは前者の結果を踏まえて行われた研究の成果であろうと推察する。後者には、幡多荘や土佐一条家について研究しようとするときの情報源として、各家の所蔵する文書・神社の鰐口・記録等がさらに広範囲に収録されている。ここでも所謂「金剛福寺文書」が取り上げられ翻刻が掲載されているが、解説には「原本と東京大学史料編纂所影写本とをつきあわせて翻刻し、原本も影写本もないものは「土佐国蠹簡集」「南路志」の写を収録し、近世後半期の文書群の全貌を示した（右線強調は筆者）」とあり、すなわち突き合わせ時点では、影写本にないものは原本にもなかったと解釈してよかろう。したがって筆者の問題関心であるところの、「土佐国蠹簡集」等の収録時には存在しながらも影写本には採録されなかった三〇通以上の文書の実態については、これらの研究成果によっても判然としない。

第四章　長宗我部地検帳に見る戦国期の幡多荘
―「郡」と「庄」の表示からの検討―

はじめに

土佐国幡多荘は、建長二年（一二五〇）一一月の九条道家による処分状では「土佐国幡多郡」と記されており、それに続いて本荘、大方荘、山田荘、以南村、加納久礼別符という五ヶ所の荘園名が記されている(1)。

この五ヶ所が「土佐国幡多郡」という家領のどのような状況を示すものなのかは未だ明らかにされてはいないが、この点について、吉川弘文館発行の『講座日本荘園史』で、土佐国の荘園を担当した秋澤繁氏の解説(2)を見てみよう。

解説では、土佐国の荘園の特徴として、国の東西に辺境型大荘園が存在し、それに挟まれた形で国の中央平野部に群小荘園が密集する点がまず示されている。

そのうち西の大荘園として位置付けられる幡多荘の荘域は、「現幡多郡および高岡郡窪川町・中土佐町」となっており、「近世以前は幡多荘＝幡多郡の可能性が強い」。また、幡多荘の成立年・立荘事情は不詳ながらも、藤原忠通・九条兼実・九条道家と続く摂関家の土佐国主相承を背景として成立した「郡荘」である。当初、荘域内には四万十川下流域に本荘、東に大方荘と高岡郡の加納久礼別符、西に山田荘と以南村の五地区があり、のちには仁井田・宿毛等の地名も散見される。ただし同荘の関係史料が所謂「金剛福寺文書」にほぼ限定されるため、全体的構成や段階的変遷を俯瞰するのは難しく、「地頭不設置の本所一円領」である幡多荘の一条家による支配は判然としない。

以上が秋澤氏の解説の概要であるが、幡多荘の領域に言及した他の個別の研究でも、「幡多郡のかなりの部分が立荘されたばかりか、高岡郡西部の仁井田郷（旧窪川町）や久礼別符（中土佐町）も幡多郡と一体的に扱われる[3]」、「幡多荘の荘域は幡多郡のほぼ全域（本庄・大方庄・山田庄・以南村）と加納地として高岡郡久礼を含んだ広範囲な地域となっている[4]」等、秋澤氏と同じような見解が示されている。『高知県史[5]』もほぼ同様の解説をしていることから、これが幡多荘の荘域についての現在の定説であると解されよう。

もっとも、秋澤氏の見解にある「現幡多郡および高岡郡窪川町・中土佐町」という幡多荘の範囲のうち、「現幡多郡」の部分については説明が必要である。

『講座日本荘園史』の発刊は平成一七年（二〇〇五）であるが、この時点、すなわち秋澤氏が幡多荘について解説を行った時点での「現幡多郡」とは、かつての行政区画としての幡多郡から町村合併によって中村市・土佐清水市・宿毛市が独立し、残る三原村・大月町・佐賀町・大方町等の、互いに境界を接しないいくつかの町村の集合体を指す。したがって、秋澤氏が解説の中で「現幡多郡」という用語から想定していると思われる範囲は、町村合併以前の幡多郡、言い換えれば明治期郡制時代の行政区画であるところの、高知県の四分の一にも相当する面積を誇っていた幡多郡を指しているということを念頭に置く必要がある。

また他の個別の研究においても、「幡多郡のかなりの部分が立荘された」「幡多郡のほぼ全域」等の説明から、これらで想定されているところの幡多郡の範囲もまた、秋澤氏同様にかつての広大な行政区画であることが推測されるが、こうした見解はいったい何を根拠としてできあがったものなのであろうか。

確かに、道家の処分状ではこの家領は「土佐国幡多郡」と郡名で記載されており、その記載からすれば九条家は幡多郡全体を領有し、そこに包括的な権利を有していたと解釈することはできよう。また、一口に荘園と言ってもその姿および成立過程はさまざまで、郡（阿波国勝浦郡）のほぼ全域を立荘したとされる、仁和寺領阿波国篠原荘のような「郡荘」と言える存在もあることから[6]、幡多荘についてのそうした歴史像を一概に否定するつもりはない。しかし、旧時の郡界から想定される勝浦郡の面積は幡多郡の十分の一にも満たず[7]、讃岐一国にも匹敵するほどの面積を有した幡多郡を篠原荘と同一に考えるのは現実的とは言えまい。

また私見ではあるが、史料によっては幡多荘の荘域としてそのような広大な範囲が想定し難いものも存在する。よって本章ではそうした史料の一つ、長宗我部地検帳[8]を材料として、中世幡多荘の荘域と領有についての再考を試みたい。

第一節　長宗我部地検帳における二種類の表示の存在

幡多荘は、その歴史の終盤に、一条家八代当主教房の下向・在荘を機としてもう一つの一条家の成立を見る。この所謂土佐一条家は四代兼定の時に最も版図を拡大し、幡多・高岡の二郡という土佐半国にもおよぶ領域を支配下に置いていたと言われている[9]。兼定は天正元年（一五七三）に出家し、跡を継いだ五代内政は、土佐国統一過程にあった長宗我部元親の後見を受けて長岡郡大津に居を移した。翌二年には、兼定も自身の舅大友宗麟を頼って幡多を後にし、豊後に向かっている。

やがて兼定は、天正三年（一五七五）に宗麟の支援を受けて中村城奪還のための兵を幡多に侵攻させるが、渡川（四万十川）での合戦で元親の軍に大敗した。これにより土佐一条家は実質的に滅亡し、元親が土佐の総検地を開始した天正一五年（一五八七）時点では、幡多に一条家の勢力は存在しておらず、一条家領としての実態もすでにない。長宗我部氏に関する近年の研究では、元親は新たに手に入れた土地に検地を実施した上で国人・給人に知行地を宛行っており、検地には土地情報の把握という側面より、新領主としての支配を明確にするという効果が大きかったことが平井上総氏の研究によって明らかにされている(10)。

このような点を確認し、『長宗我部地検帳』（以下、『地検帳』と略記）の幡多郡の表紙を概観すると、それらの表紙が「幡多郡〇〇村地検帳」と「幡多庄〇〇村地検帳」という二種類の表示に分かれていることに気付く(11)。幡多郡の検地期間は、天正一七年（一五八九）一〇月から翌年五月までの約半年間である。一部に天正一五年の日付が見え、慶長期に行われた仕直検地との差し替えが見られるが、ほとんどの村々の検地はこの期間中に行われていることから、幡多郡は天正一五年から約三年にわたった総検地の最終地として位置付けられよう。

帳面に見える「幡多庄」とは、本書で問題にしている幡多荘を指すと考えられるが、ここで問題となるのは、土佐一条家滅亡から十数年後に実施された検地において、すでに一条家領としての実体のない幡多荘の表示がいったいなぜ、幡多郡の一部分にだけ存在するのか、ということである。

この疑問に対する一般的解釈として、まず考えられるのは横川末吉氏の見解である。

横川氏は『地検帳』に「庄」表示の村々が見られることについて、「表示は土佐における荘園の存在を示す一つの史料」と位置付けながらも、「長宗我部氏の時代は過渡的な性格が強く、地検帳の村付に荘園の名称が記載されていることが、中世史料としてさまで大きな意義を持つものではない」とも述べている。[12]

「庄」の表示を中世土佐の荘園の存在を示すものと位置付けながら、その情報が中世史料として重要ではないという横川氏の見解は不可解であり、筆者は「幡多庄」と表示されている村々は中世の幡多荘の存在を示す重要な手掛かりであると考える。『地検帳』からこの表示の村々を抜き出すことにより、かつての幡多荘の領域を知る手掛かりが得られるのではなかろうか。たとえ『地検帳』に記載された「幡多庄」が検地時点に限られた限定的な姿であったとしても、それによって得られる知見からこの家領の実態の一端を明らかにすることができるのではなかろうか。

このような意図のもと、『地検帳』の幡多郡の各帳における表紙の表示を、各帳面の仕上げに並ぶ役人グループごとに検地順に並べて地域別に一覧した。それが【表四―Ⅰ】である。[13]

一見して明らかなように、「幡多庄」と表示されている村々は、幡多郡の中部・西部・南部の三ヶ所におおまかな塊を形成しており、地域的には幡多を大きく南北に蛇行する四万十川下流域や、そこに西から支流として流入する中筋川の中流・下流域、そして両川の合流地点から足摺岬に至る海岸沿いに集中している。この結果は、幡多郡と同義語とも言われ、一条家の広大な一円領とも言われてきた幡多荘とは相容れない。これについて、どのような説得的な回答が考えられるであろうか。

まず、長宗我部氏の検地は渡川の合戦における一条家滅亡の十数年後に実施されたことから、その間にかつての荘園名が在地の人々の記憶の中から失われ、検地時点では【表四―Ⅰ】に見られるような地域にのみ呼び名として残っていたという可能性が考えられる。けれどもそう考えるためには、いったいなぜそうした地域にのみ幡多荘の呼び名が残っており、それ以外の地域では消えてしまったのかという別の疑問に対する回答が必要になろ

【表四—Ⅰ】『長宗我部地検帳』幡多郡の表示と検地役人

	村　名	表　示	検　地　役　人
幡多郡北部	上山郷①	幡多郡	正木・国沢・松田・横山・黒岩・高橋・岡上・平田・北岡
	上山郷②	幡多郡	重松・久万・多田・近沢・福留・黒原・関・徳弘
	上山郷③	幡多郡	正木・国沢・松田・横山・黒岩・高橋・岡上・平田・北岡
	上山郷④	幡多郡	正木・国沢・松田・横山・黒岩・高橋・平田・□□
	上山郷⑤	幡多郡	正木・国沢
	上山郷⑥	幡多郡	正木・国沢・松田・横山・黒岩
	上山高山ハタ	幡多郡	□□
	下山郷①	幡多郡	十市・久万・川田・宮地・重松・□□・立石・別役・川窪
	下山郷②	幡多郡	十市・久万・川田・宮地・重松・□□・立石・別役・川窪
	下山郷③	幡多郡	十市・久万・川田・宮地・重松・□□・立石・別役・川窪
	下山郷④	幡多郡	十市・久万・川田・宮地・重松・□□・立石・別役・川窪
	川登村々	幡多郡	重松・西・久万・宮地・弘田・岡崎・門田・別役
幡多郡東部	佐賀村①	幡多郡	重松・西・久万・宮地・弘田・岡崎・門田・別役
	佐賀村②	幡多郡	重松・多田・久万・近沢・徳弘・福富・輿・黒原
	伊与木村	幡多郡	重松・多田・久万・近沢・福富・徳弘・黒原・関
	入野蜷川村々	幡多郡	田中・豊永・入交・千屋・浜田・松井・岡・南部・中平
	入野大方郷	幡多郡	田中・豊永・入交・千屋・浜田・三本・池田・岡・松井
	入野伊屋村々	幡多郡	田中・豊永・入交・千屋・浜田・三本・池田・岡・松井
	入野御房畑	幡多郡	田中・豊永・入交・千屋・浜田・三本・池田・岡・松井
	入野鹿持村	幡多郡	田中・豊永・入交・千屋・□□・松井・岡・南部・中原
	入野出口・田ノ浦	幡多郡	田中・豊永・入交・千屋・□□・松井・岡・南部・中原
	入野塩浜	幡多郡	田中・豊永・入交・千屋・浜田
	入野奥湊村々	幡多郡	田中・豊永・入交・千屋・浜田・松井・岡・南部・三本
	大用村	幡多郡	正木・国沢・松田・横山・□□・□□・岡村・平田・北岡
	以佐井原・大用村	幡多郡	片村・近藤・公文・下田・中間・永田・窪・野中・木田
幡多郡中部	中村郷	幡多郡	平・吉松・千穎・広井・岩村・広井・町田・渡辺・田内
	式地村々①	幡多郡	平・吉松・千頴・岩村・御符・点野・宮田・浦田
	式地村々②	幡多郡	不明
	式地村切畑	幡多郡	平・吉松・千頴・岩村
	下田村	幡多郡	片村・近藤・下田・公文・中島・窪・竹添・□□・岡崎
	鍋島村	幡多郡	片村・近藤・下田・公文・中島・窪・竹添
	竹島村	幡多郡	片村・近藤・下田・公文・中島・窪・竹添・井口・岡崎
	井沢村	幡多郡	片村・近藤・下田・公文・中島・窪・竹添・井口・岡崎
	古津賀村	幡多郡	片村・近藤・下田・公文・中島・窪・竹添・井口・岡崎
	観音寺村	幡多郡	片村・近藤・下田・公文・中島・窪・竹添・井口・長崎
	左岡村	幡多郡	片村・近藤・下田・公文・中島・窪・竹添・井口・岡崎
	安並村	幡多郡	片村・近藤・公文・下田・中島・窪・野中・永田・半田
	秋田村	幡多郡	片村・近藤・下田・公文・中島・永田・窪・野中・半田

	村　名	表　示	検　地　役　人
幡多郡中部	七夕村々	幡多郡	片村・近藤・下田・公文・中島・永田・窪・野中・半田
	麻生村	幡多郡	片村・近藤・下田・公文・中島・永田・窪・野中・半田
	初崎・津倉淵・間崎	幡多庄	久家・竹内・松田・矢野・秦泉寺
	深木・真崎村	幡多庄	久家・竹内・松田・矢野・秦泉寺
	山路村々	幡多庄	久家・竹内・松田・矢野・秦泉寺
	佐田村	幡多庄	久家・竹内・松田・矢野・秦泉寺
	入田村	幡多庄	久家・竹内・松田・矢野・秦泉寺
	具同村々	幡多庄	久家・竹内・松田・矢野・秦泉寺
	国見・荒川・生川	幡多庄	久家・竹内・松田・矢野・秦泉寺
	坂本村々	幡多郡	西・中村・浜田・藤田・谷・門田・借屋・宮崎・新屋
	森沢村	幡多郡	西・中村・浜田・藤田・谷・門田・借屋・宮崎・新屋
	江之村	幡多郡	西・中村・浜田・藤田・谷・門田・借屋・宮崎・新屋
	上之土居村	幡多郡	西・中村・浜田・藤田・谷・門田・借屋・宮崎・新屋
	足摺領九樹村	幡多群	西・中村・浜田・藤田・谷・門田・借屋・宮崎・新屋
幡多郡西部	磯川・有岡村	幡多庄	入交・石黒・棚野・二階
	横瀬村・久才川村	幡多庄	「筆・入交」の記入のみ
	橋上村々	幡多庄	江村・石黒・入交・棚野・二階
	山田郷	幡多郡	入交・江村・石黒・
	芳名村	幡多郡	入交・江村・石黒・棚野・二階
	平田村	幡多郡	福富・北代・近藤・盛岡・池・片岡・片岡・横畠・野畑
	平田西分	幡多郡	福富・北代・近藤・盛岡・池・片岡・片岡・横畠・野畑
	宿毛村①	幡多群	福富・北代・近藤・盛岡・池・片岡・片岡・横畠・野畑
	宿毛村②	幡多郡	福富・北代・近藤・盛岡・池・片岡・片岡・岡・安岡
	宿毛西分	幡多郡	福富・北代・近藤・盛岡・池・片岡・片岡・岡・安岡
	宿毛村	幡多郡	□□・国沢・前田・宮地・永野・国実・桑名
	還住藪之村々	幡多郡	□□・国沢・前田・□□・永野・国真・桑名
	宿毛北分	幡多郡	中山・楠瀬・前田・山内・正木・小川・安岡
	藻来津村	幡多郡	横山・浜田・中村・中島・時久・大家・門田・輿
	田之浦	幡多郡	中内・楠瀬・前田・山内・正木・北川・安岡・町田・岡林
	伊与野村々	幡多郡	中内・楠瀬・前田・山内・正木・北川・安岡・町田・岡林
	吉野沢村	幡多郡	中内・楠瀬・前田・山内・正木・北川・安岡・町田・岡林
	榊浦	幡多郡	中内・楠瀬・前田・山内・正木・北川・安岡・町田・岡林
	福良村	幡多郡	中内・楠瀬・前田・山内・正木・北川・安岡・町田・岡林
	石原村々	幡多郡	中内・楠瀬・前田・山内・正木・北川・安岡・町田・岡林
	広見村々	幡多郡	中内・楠瀬・前田・山内・正木・北川・安岡・町田・岡林

	村　名	表　示	検　地　役　人
幡多郡南部	柏島村々	幡多郡	中内・楠瀬・前田・山内・正木・北川・安岡・町田・岡林
	興之島・広瀬・勝浦	幡多郡	中内・楠瀬・前田・山内・正木・北川・安岡・町田・中沢
	小間目七村	幡多郡	中内・楠瀬・前田・山内・正木・北川・安岡・町田・岡林
	にしとまり・くちめつか	幡多郡	中内・楠瀬・前田・山内・正木・北川・安岡・町田・岡林
	佐井津野村	幡多郡	中内・楠瀬・前田・正木・柳村・町田・森
	姫野井村	幡多郡	中内・楠瀬・前田・正木・柳村・町田・森
	川口村	幡多郡	中内・楠瀬・前田・正木・柳村・町田・森
	片賀須	幡多郡	中内・楠瀬・前田・正木・柳村・町田・森
	貝川村	幡多郡	中内・楠瀬・前田・正木・柳村・町田・森
	宗呂村	幡多郡	中内・楠瀬・前田・正木・柳村・町田・森
	春遠村	幡多郡	中内・楠瀬・前田・正木・柳村・町田・森
	有永村	幡多郡	中内・楠瀬・前田・正木・柳村・町田・森
	布・立石・名鹿村	幡多庄	山中・横山・亀岡・中島・捨牛斎・野中・横畑・興・東
	下萱村	幡多庄	山中・横山・亀岡・□島・捨牛斎・□□・興・東
	輪垣谷村・大岐村	幡多庄	山中・横山・亀岡・中島・捨牛斎・野中・横畑・興・東
	以布利村々	幡多庄	山中・横山・亀岡・中島・捨牛斎・野中・横畑・興・東
	大浜・中ノ浜村	幡多庄	山中・横山・亀岡・中島・捨牛斎・野中・横畑・興・東
	浦尻・清水・越村	幡多庄	山中・横山・亀岡・中島・捨牛斎・野中・横畑・興・東
	賀久見	幡多郡	山中・横山・亀岡・中島・捨牛斎・野中・横畑・興・東
	下猿野村	幡多庄	山中・横山・亀岡・中島・捨牛斎・野中・横畑・興・東
	三崎村	幡多庄	山中・横山・浜田・中島・中村・興・大家・門田・時久
	奥猿野村	幡多郡	山中・横山・亀岡・中島・捨牛斎・野中・横畑・興・東
	横道ノ村	幡多庄	（一冊の地検帳の内、奥猿野村だけが幡多郡）
	大内村	幡多庄	
	斧積村	幡多郡	山中・横山・亀岡・中島・捨牛斎・野中・横畑・興・東
	爪白之村	幡多郡	山中・横山・浜田・中島・中村・興・大口・時久
	大津村・ヨカリ村	幡多郡	中内・前田・楠瀬・□□・□□・柳村・町田・森
	三原郷	幡多郡	横山・浜田・山本・中村・中島・時久・大家・興・門田
	三原宮ノ川	幡多郡	西・中村・浜田・藤田・谷・門田・借屋・新口・宮崎
	三原ノ内下切村	幡多郡	中内・前田・楠瀬・正木・郷村・町田・森

※「幡多庄」表示の村々は太線で囲んだ地域。

う。

さらにそうした可能性は、土地情報の把握よりも新領主としての支配の明確化が目的であったという長宗我部氏の検地を考える時に、一層不可解さを増すのではなかろうか。一条家を滅ぼして幡多地域に覇権を確立した長宗我部氏にとって、自らが十数年前に滅亡させた一条家のかつての家領名を幡多郡の一部にのみ残す必要性は、通常は考えられない。

次に考えられるのは、検地する側に原因がある場合、すなわち『地検帳』に記載する情報についての役人の認識の相違である。

この点に注目すると、「幡多庄」と表示しているグループは全体の中の三組しかないことがわかる。「久家・竹内・松田・矢野・秦泉寺」の組（以下「久家組」）、「入交・江村・石黒・棚野・二階」の組（同じく「入交組」）、「山中・横山・亀岡・中島・大平（捨牛斎）・野中・横畠・輿・東」の組（同じく「山中組」）の三組である。

「久家組」は担当した地域のすべてを「幡多庄」と表示し、「入交組」と「山中組」は担当地域の中で「幡多庄」と「幡多郡」を書き分けている。特に「山中組」の記載は込み入っており、検地した奥猿野・横道・大内の三村をまとめて一冊とし、表紙には「幡多郡奥猿野村地検帳」と記載しているにも拘らず、中身の書き出しを「幡多郡」としているのは奥猿野村だけで、後の二村は「幡多庄横道ノ村地検帳」「幡多庄大内村地検帳」と書き分けるという特殊な記載方法をとっている。すると「幡多庄」の表示は、この三組に属する役人の資質の違い、もしくは認識の不徹底によって生じたのであろうか。

第二節　検地役人の認識と「庄」表示の特質

（一）役人の編成と前任地における表示

長宗我部氏が実施した土佐国の総検地では、検地役人は一族・重臣から奉行層まで様々な階層から選ばれていた[14]。それも、担当地域が個々の役人の給地と重複しないように調整して派遣されており、担当地域が複数にわたる場合は、役人の癒着・不正防止のために組のメンバーを全員入れ替えるという調整がなされてもいた。

役人は複数人が一グループとなって、地引・庄屋といった在地の案内人を用いて作業を進めていった。地引・庄屋はただの案内人という枠を超え、役人と一体となって作業を行い、彼らの言が田畠の等級や村域の確定、給人の権利確定に深く関わっていたことが明らかにされている。元親の定めた検地条目にも、「所々地引庄屋如何様も念ニ入相尋、以来論田無之様可被仕事」のような指示があり[15]、地引・庄屋のそうした権限を元親自身が認めていたことが分かる。

そうすると実際の検地手順としては、中央において給地と担当地域の重複を加味した検地役人グループが編成され、現地においては地域内の地引・庄屋が集められる。そして役人の到着を待って地引・庄屋の案内により検地の具体的な作業が開始され、最後に結果がまとめられ表紙がつけられる、というようなものであったと考えられよう。

しかし、給地でもない地域の検地を担当する役人には、現地の村名や境界、請人等の詳細な事情は判然とせず、よって『地検帳』の記載を決定付けるのは、多く現地人である地引・庄屋の言ということになる。しかしながら、担当地域に不案内とはいえ、役人は長宗我部一族や重臣から選ばれたいわば高位の人物である。国人・給人への宛行地を決定するという検地の重要性を踏まえると、たとえ給地とは異なる地域の検地であっても、地引・庄屋の言のみを無批判に受け入れ、かつて自分たちが滅ぼした一条家の家領名を機械的に帳面に記すとは考え難い。

加えて幡多郡は総検地の最終地である。

検地開始直後には、個々の役人に検地に対する認識や方法の違いが存在したと思われるが、癒着・不正防止のために行われたという役人メンバーの入れ替えのたびに、そうした認識や方法の違いは攪拌され、再構成されているはずである。結果的に役人の検地に対する認識や方法は順次統一されていき、検地の最終地である幡多郡ではその完成形が現出すると想定されよう。

この点を考慮し、「幡多庄」の表示を行った三組に所属する役人のそれまでの担当地での表示を見てみよう。

まず一人目は、「入交組」の石黒頼光である。

石黒は、天正一七年一月から三月まで、土佐国東部の安芸郡羽禰村・羽禰村切畑・奈半利等の検地を担当した。役人のメンバーは石黒の他に「国分・山内・竹内・亀岡・福富」等である。この組は担当地域の中で、奈半利のみを「安芸郡奈半利庄」と書き分けている[16]。

二人目は「山中組」の大平如心（捨牛斎）である。

大平は、総検地が開始された直後の天正一五年一一月から一二月にかけて、「国分・正木・谷・森本」等のメンバーと安芸郡安田・北川・川口・室津・吉良川等を検地したが、大平の組は安田川河口の安田を「安芸郡安田庄」と表示している[17]。またそれ以外にも、「安芸郡東寺地検帳」「安芸郡室津分地検帳」「安芸郡津寺分地検帳」

「安芸郡西寺地検帳」等、「庄」とも異なる表示を行っている。(18)

三人目が「久家組」の秦泉寺泰惟である。

秦泉寺も大平同様、検地開始直後の天正一五年一〇月から翌年三月にかけて、「戸波・和食・中村・垣内・市原」等のメンバーとともに、土佐中央部の長岡郡下田・池・十市・介良等を検地したが、このうち下田川の下流域に広がる介良を「介良庄」と記載している。(19)

さらに安芸郡の検地では、石黒・大平以外にも幡多郡を担当した役人を見つけることができる。

石黒と同組に名前が見える亀岡光延は、幡多郡では「山中組」に属し、前述した奥猿野・横道・大内の手の込んだ書き分けに関わっている人物である。亀岡は、安芸郡・幡多郡の両地で「庄」の表示を使用したことになる。

一方、大平と同組に名前が見える正木貞通は、幡多郡では南部を担当し、田ノ浦から海岸沿いに南下して柏島、川口、有永に至る南部西域のほとんどの地域を検地した。それにも拘らず、安芸郡の検地では使用したはずの「庄」も「分」も使用せず、すべての表紙に「幡多郡」と表示しているのである。

亀岡は安芸郡で学んだ「庄」の表示を幡多郡で活かし、そうした表示の仕方を組全体に伝えたのであろうか。その場合、同じようにこれまでの検地で方法を学んだ他のメンバーの中に、亀岡の見解に反対する者はいなかったのか。一方の正木は、安芸郡では「庄」や「分」の表示を用いたが、幡多郡の検地では他のメンバーによってそうした記載方法が誤っていると教えられ、すべてを「郡」で表示したのであろうか。その場合、正木はいったいなぜ自説を主張しなかったのか。

こうした諸々の疑問点を考え合わせると、「庄」表示の使用は総検地の開始段階ですでに決まっていたのではないかと思われる。

大平・正木が安芸郡を検地したのは天正一五年、秦泉寺が長岡郡を検地したのも天正一五年で、いずれも総検地開始直後の時期である。そうした時期に彼らが行った「庄」「分」の表示が、仮に個々の認識の違いによるものであったなら、その違いは当然次の担当地で他のメンバーとの軋轢を生じ、検地の最終地＝幡多郡に至るまでに修正され、消えていくものと思われる。それにも拘らず彼らは幡多郡の検地で、ある地域には「庄」の表示を用い、またある地域には「郡」の表示を行っており、そうした表示をすることは検地開始時点で役人同士が共有する認識であったと考えざるを得ない。

それのみならず、「庄」とも異なる「分」の表示が見られることを踏まえるならば、どういう状況、言い換えればどういう領域を「庄」「分」と表示するのかについても、役人は検地開始時点で共通の認識を持っていたのではなかろうか。

（二）「庄」「分」の表示とその特質

荘園制度の下では、「庄」は公家や寺社の私的領有地を示す。ある者に分け与えられた部分を意味するという点では、「分」もまた「庄」と同様に私的な領域を示すと言っていい。これまでの検討を踏まえ、特に安芸郡における特殊な表示の持つ意味合いを勘案すると、「庄」や「分」と表示されたものの正体は、検地時点で寺社が一円的に領有していた寺領である可能性が指摘できる。

例えば、安芸郡で「安芸郡東寺地検帳」と表示された帳面の中身には、室津村・川口村・ししな村の三村が含まれる。三村の名請はすべて「東寺分」となっており、東寺が最御崎寺の通称であることを考慮するなら、この帳面は最御崎寺の寺領を検地した結果のみをまとめたものに表紙をつけたものと考えて差し支えない。それだけ

【表四―Ⅱ】『地検帳』における主な「庄」表示と荘園領主

郡名	表示	荘園領主	郡名	表示	荘園領主
安芸郡	浅間庄	不明	香美郡	夜須庄	石清水八幡宮
	生見庄	不明		大忍庄	熊野新宮
	東寺	最御崎寺		吉原庄	高倉院法華堂
	西寺	金剛頂寺		物部庄	不明
	室津分	最御崎寺		片山庄	相国寺勝定院
	津寺分	津照寺	土佐郡	朝倉庄	法金剛院
	奈半利庄	石清水八幡宮		一宮庄	不明
	田野庄	石清水八幡宮		神田庄	不明
	安田庄	金剛頂寺	高岡郡	度賀野庄	不明
	安芸庄	皇室領		新居庄	不明
	和食庄	不明		日下之別符	不明
長岡郡	介良庄	伊豆走湯山蜜厳院			

荘園領主名は、荻慎一郎他編『高知県の歴史』2001年、98～99頁「土佐国の郡と荘園」による。

でなく、「安芸郡津寺分地検帳」「安芸郡西寺地検帳」等の表紙も、津寺が津照寺の、西寺が金剛頂寺の通称として一般的に使用されていること、それらの帳面の中身を見ると、名請もすべて「津寺分」「西寺分」と記されていること等から、これらもやはり、津照寺・金剛頂寺の寺領の検地結果のみを帳面にまとめたものと考えてよかろう。

さらに、「安芸郡安田庄地検帳」と書かれた表紙の中身は、名請がすべて「安田分」と記されており、「安田庄」は金剛頂寺領であったことを考慮すると「安田分」とは金剛頂寺分という意味であると解される。それのみならず、「安芸郡室津分地検帳」という表紙の中身も、名請はすべて「室津分」となっている。室津村は最御崎寺の寺領の一部であることから、「室津分」とはやはり最御崎寺分という意味だと判断できるのである。

加えて、寺領という視点から『地検帳』の土佐七郡における「庄」の表示を概観すると、例えば、秦泉寺が検地し表示した「介良庄」は伊豆走湯山蜜厳院領の荘園名であるというように、右の【表四―Ⅱ】に見られるように、「庄」「分」の表示は多く寺社領と考えられる村々に対してなされたものであることが確認できる。このように、たとえ長宗我部氏が他氏を滅ぼして手に入れた地域内にあっても、検地時点で存在する寺領は一旦は寺領として認められ、明らかにその他とは区別された形で『地検帳』の表紙に記載されたのではないかと考えられるのである。

一般的に見て、寺社では内部構造が変化し難いと考えられるが、在地に一定の勢力を有する寺社は、宗教的権威を身にまとっていることもあり、また寺社領の経営に本末関係にある中小の寺社の協力が見込まれることもあって、所謂荘園公領制的支配体制がほとんど崩壊していた中世末期においても、内部における重層的な諸職があまり変化することなく保持されていたのではなかろうか。

第三節　「幡多庄」の表示と金剛福寺領

ここで再び幡多郡に立ち返り、これまでの検討で得られた以上のような結果を当てはめると、「幡多庄」の領有者としては、中世を通じて一条家との深い関係性を維持していた金剛福寺の存在が浮かび上がってくる。幡多荘に関する史料が所謂「金剛福寺文書」にほぼ限定されているという事実からも、またそれらの文書が多く荘園文書であることからも、金剛福寺と幡多荘とが深くつながっていることは間違いないと思われる。

両者の関係性の検討においてまず第一に考えなければならないのは、幡多荘という荘園名が史料上に初めて登場した時期ではないかと思料する。

幡多荘の史料上の初見は、「金剛福寺文書」の中の嘉禎三年（一二三七）一〇月一八日付の寄進状であるとされている。[20]法橋上人位にある僧侶某が、自らの所有する領田三町五反を幡多中央の平野部に建つ香山寺に譲与した際に、香山寺の在所として「幡多御庄本郷内」と記した。[21]当時この地域は一条家の前身九条家の家領であり、[22]

寄進状の本文には、領田の譲与を機としてともに荘務を助ける体制を志向すべしとの文言があることから、寄進状を作成した僧侶某は、荘園経営を通して九条家と緊密な関係にあり、且つ「幡多御庄」の中に寄進するだけの領田を保有していたと想定されるのである。この寄進を巡る金剛福寺と香山寺との関係は第三章で詳述しており、そこでは寄進者の僧侶某を当時の金剛福寺院主南佛と比定しているが[23]、筆者は南佛が香山寺あての寄進状で「幡多御庄」という用語を用いた事実を極めて重要なことだと考えている。

なぜならばこの家領は、かつて九条道家の家領処分によって四男実経に分与され一条家領となった。道家の処分状が作成された建長二年は、僧侶某による先の寄進状が作成された時から数えて一五年後にあたるが、本書で繰り返し述べているように、その処分状にはこの家領は「土佐国幡多郡」と記されている。したがって、たとえ南佛が寄進状で「幡多御庄」と呼ぼうとも、九条家においてはこの家領はあくまでも「土佐国幡多郡」として認識されていたと考えなければならない。しかし幡多では、すでに嘉禎三年の時点で「幡多御庄」なる用語が成立しており、しかも寄進する側の南佛と寄進される側の香山寺との間で、その意味の示すところが共有されていたのである。

寄進状の作成において大前提となるのは、寄進状に記された地名・荘園名・権利等についての認識が、当事者間のみならず当該家領・寺領に関わる周辺の人々の間でも共有されていることである。南佛による領田寄進の場合、「幡多御庄」に属する人々がこの寄進を認知しない限り、寄進の行為自体が成り立たないと考えられよう。したがって「幡多御庄」なる用語は、九条家よりも先に幡多において成立し、九条家の全く与り知らぬところで在地の人々の間で用いられていたということなのである。

建長四年（一二五二）の道家の死によって実経がこの家領を受け継ぎ、一条家領となって五年後の正嘉元年

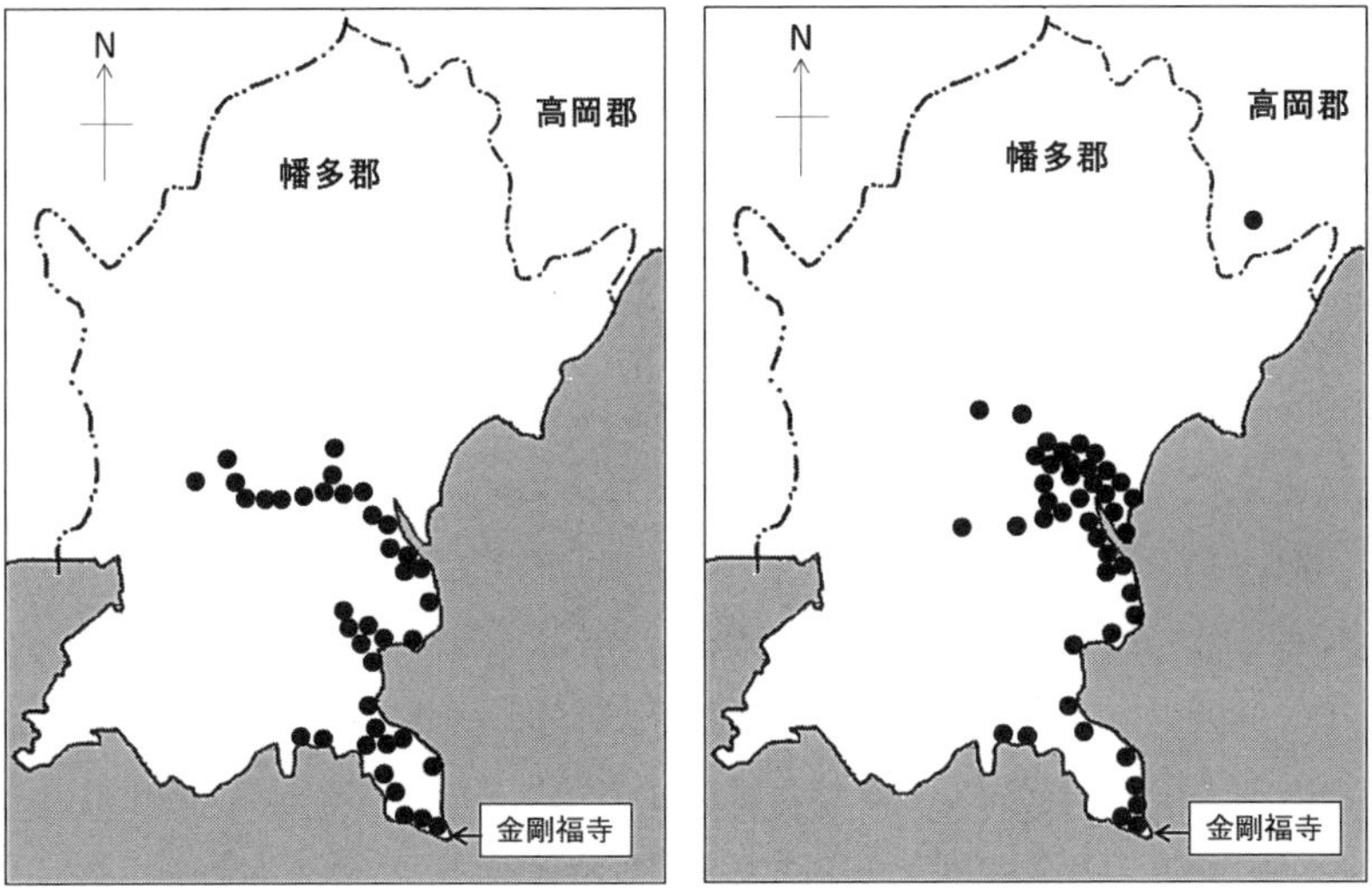

「幡多庄」表示の村々　　金剛福寺領

【図四―Ⅰ】『長宗我部地検帳』に見られる「幡多庄」表示の村々と金剛福寺領の分布

（一二五七）に、金剛福寺が提出した解状に応えて、一条家政所から発給された下文の充所は「土佐国幡多庄官百姓等」となっている[24]。この政所下文は、金剛福寺と一条家との関係性が確認できる最初の文書という性格を帯びるものであるが、ここに登場した「幡多庄」という荘園名は、先の「幡多御庄」が約二〇年の間に省略・変化したものと考えてよかろう。

件の下文は、金剛福寺の解状での主張がそのまま本文に引用された長大なものであるが、そのことは下文に使用された「幡多庄」という荘園名が、金剛福寺の解状を機械的に引用したことによって充所となった可能性を示唆する。九条家領を引き継いだ直後の一条家に、金剛福寺が解状で記す「幡多庄」が、自らの家領「土佐国幡多郡」の中のどのような状況を示すものなのかを理解できたとは想定し難い。処分状に記された五ヶ所の荘園の他に、「幡多庄」という新たな荘園が一条家に寄せられたのだと考えたとしても不思議ではないのである。

『地検帳』で確認できる金剛福寺領は、名請が「足摺領」「足摺分」となっているものに、元は金剛福寺領であったことを示す記載と考えられる「モト足摺分」「モト足摺」等も含めると、総計二〇〇町に及ぼうかという広大さを誇っている。それのみならず【図四―Ⅰ】に見られるように、寺領は同寺の建つ足摺岬周辺にとどまらず、海岸線に沿って北上し、四万十川河口から中筋川中流域に至る幡多中央の平野部に広範囲に広がっており、地方寺院の寺領として通常想定される寺辺より、むしろ寺から遠方の幡多中央部に多いという特徴を示している[25]。

この金剛福寺領の広がりを、国衙や一条家からの宛行・寄進のみで解釈するのは不自然であり、たとえ始まりはそうした宛行地や寄進地であっても、金剛福寺自身が一領主としての明確な意思を持って、周辺の開発・加納を繰り返した結果であると考えなければならない。

加えて興味深いことに、【表四―Ⅰ】では幡多郡に三ヶ所の塊を形成する形で存在していたはずの「幡多庄」表示の村々は、地図上で見ると幡多中央の平野部から海岸線を伝い、南部の足摺岬を取り巻きながら、「幡多郡」表示の村々と入り混じる形で点在していることが確認できる。その分布の様子は金剛福寺領の分布と非常に似通っており、これらから幡多荘は、一条家よりもむしろ金剛福寺との関係性において検討されるべきものであることを指摘したい。

おわりに

本章では、幡多郡と同義語とされ、広大な一円領とも位置付けられてきた幡多荘について、『地検帳』の表紙に見える「幡多庄」の表示から遡及的な検討を重ねた。その結果、以下のようなことが判明した。

第一に、『地検帳』の「幡多庄」の表示は幡多郡の全域にではなく、四万十川河口付近や支流の中筋川流域といった幡多中央の平野部や、そこから足摺岬にかけての海岸部に見られるものである。あくまでも検地前夜の段階での再現であるとはいえ、幡多荘と幡多郡を同義とみなし、同荘を広大な一円領と位置付けることはできない。

第二に、長宗我部氏による検地の目的を踏まえると、『地検帳』に記される土地情報は長宗我部氏にとって記載するに足るものであると考えられ、「幡多庄」の表示はかつての一条家領の呼称ではなく、現実に存在するものの名前を記したと考えるのが妥当である。

そして第三に、他郡における「庄」「分」の表示の検討から、これらの表示が検地時点で存在する寺社領に用いられている場合が多いことが確認できる。このことは「幡多庄」表示の村々が寺領の枠組みの中で形成されていた可能性を示唆しており、領有者としては中世に一条家と緊密な関係性を構築していた金剛福寺が想定される。金剛福寺領の分布が「幡多庄」表示の村々の分布と非常に似通っていることも、その可能性を裏付けている。

このように、『地検帳』の「幡多庄」表示についての検討から見えてくる中世の幡多荘は、これまで通説的に語られてきた歴史像とはまったく異なるものである。あらためて幡多荘の見直しが求められると言えよう。

もっとも、「幡多庄」は検地から間もなく姿を消したと考えられる。

長宗我部氏は、慶長元年（一五九六）末から慶長二年（一五九七）初めにかけて一部仕直検地を行っているが、この時に幡多郡南部は上地仕置の対象となり、その中にかつての総検地で「幡多庄」と表示されていた、輪垣谷村・大岐村・以布利・大浜村・中ノ浜村・三崎村等が含まれている。けれどもこの仕直検地では、それらの村々の表示は全て「幡多郡」となっており(26)、この時までに「幡多庄」は実体も含めて姿を消したとみてよかろう。

おそらくは一旦は認められた「幡多庄」の領域が、その後上地も含めて再編され、後の近世的惣村としての道を歩み始めたのではなかろうか。このように考えると、『地検帳』に見られる「庄」の表示は、所謂荘園公領制の重層的な権利関係が、領主と百姓という整理された近世の惣村に移る過渡期の姿が、検地という荘園とは関係のない土地制度上の手続きの中で一時的に姿を現した結果であると考えていいのではなかろうか。

その上で注目されるべきは、「幡多庄」の表示の仕方である。

他郡の表示は、例えば「安芸郡安田庄地検帳」「安芸郡津寺分地検帳」「安芸郡馬上村地検帳」のように、郡名が統一された上で、その次の単位が「庄」「分」「村」に書き分けられており、「庄」「分」の中身は、「村」と同等に並べられていることが示すように一村、もしくは数村といった比較的狭い範囲である。またそれらの名請けが、「安田分」（金剛頂寺分）、「東寺分」（最御崎寺分）等の同じ記載で埋まっており、その領有が明確に他と区別できる。

これに対して「幡多庄」の表示は、「幡多郡佐賀村地検帳」「幡多庄山路村地検帳」のように、郡名の段階で「郡」と「庄」が書き分けられ、言わば「郡」と「庄」が同等で互いに「村」を含み、しかも「幡多庄」表示の村々は「幡多郡」表示の村々と入り混じり領域的に点在している。これは他郡に見られる「庄」「分」とは明らかに異なる形態であり、幡多荘とは、四至を定め公験を有してその中の権限を一元的に荘園領主が手にするという、一般に想定される荘園とは似て非なる存在であったと考えざるを得ない。

もとより、『地検帳』の記載と中世に幡多で展開された荘園とが同一のものでないことは自明ではあるが、土佐国の荘園に関する史料が極めて少ない状況に鑑みるならば、後世の史料からの遡及的な検討は、そうした状況を打開する新たな視点となり得るのではなかろうか。『地検帳』の記載の持つ社会経済的側面は、中世土佐国の荘園の実態の解明とも合わせて、もっと評価され議論されなければならない。

注

（1）建長二年一一月日「九条道家初度惣処分状」（『九条家文書』五―一号）。
（2）秋澤　繁「土佐国」（網野善彦ほか編『講座日本荘園史10　四国・九州の荘園』吉川弘文館、二〇〇五年）。
（3）荻慎一郎他編『高知県の歴史』山川出版社、二〇〇一年、「第三章　第二節　土佐国の郡と荘園」。
（4）東近　伸『中世土佐幡多荘の寺院と地域社会』リーブル出版、二〇一四年、「序章　土佐幡多荘における地域史研究の課題と本書の目的」。
（5）『高知県史　古代中世編』高知県、一九七一年、「第四章　第一節　中世土佐の荘園」。
（6）高橋一樹『中世荘園制と鎌倉幕府』塙書房、二〇一三年、「第一部　第一章　第二節　寄進と立荘」。
（7）竹内理三編『荘園分布図』下巻、一九七六年、二六七頁および二八三頁。
（8）長宗我部地検帳は全三六八冊で、原本は高知城歴史博物館に保存されており、このうち幡多郡の帳は一〇五冊である。ここでは高知県立図書館が昭和三二年～四〇年にかけて翻刻・発行した、点野昇編『長宗我部地検帳』全一九冊を使用した。幡多郡は「上の一」「上の二」「中」「下の一」「下の二」の五冊に分冊されている。以下、『地検帳』と略記することとし、『地検帳』上の記載は「幡多郡」「幡多庄」とカッコで括り、郡名および荘園名と区別する。
（9）市村高男「戦国都市中村の実像と土佐一条氏」（『よど』西南四国歴史研究会、第一〇号、二〇〇九年）。
（10）平井上総「検地と知行制」（大津　透他編『岩波講座　日本歴史　第九巻・中世四』岩波書店、二〇一五年）。
（11）例えば秋田村は表紙が「幡多郡秋田村地検帳」となっているが、佐田村は「幡多庄佐田村地検帳」となっている。
（12）前掲注（8）『地検帳』の安芸郡分冊二冊のうち、「安芸郡　上」の後記解説による。これに対して「幡多郡　下の二」の後記解説を担当した平尾道雄氏も、いくつかの村々に「幡多庄」の表示がされていることに触れているが、「幡多庄の表示は何か政治的な理由または事情によって庄の名が温存されたものではないか」という見解を示している。ただし平尾氏はその理由・事情についてはは立ち入ってはいない。
（13）一覧は前掲注（8）『地検帳』の幡多郡分冊五冊をもとに作成した。村々の名前は表紙の記載をそのまま使用し、一覧に同じ名前が複数ある場合は番号を付している。一つの表紙にはほとんどの場合複数の村が含まれているが、一覧には表紙の村名のみ使用した。ただし本文でも述べるように、南部の奥猿野・横道・大内の三村は記載が他と異なっていることから特に別々に区分している。五地域の線引きは任意に行い、役人グループごとに日付順に村々を並べ替えたため、一地域に属する村々の数、および並びは分冊の通りではない。また役人の名前は苗字だけの略記とし、杖打の記載の有無が原因と考えられる役人の人数の過多も仕上げの署名をそのまま並べている。

(14) 平井上総『長宗我部氏の検地と権力構造』校倉書房、二〇〇八年、「第一部　第一章　豊臣期長宗我部領における検地役人と権力構造」「第二章　豊臣期長宗我部検地の実施過程」いずれも初出は二〇〇六年、および前掲注(10)。

(15) 「長宗我部元親・盛親連署條目写」(『高知県史　古代中世史料編』所収「土佐国蠹簡集」六号文書、一九七七年)。

(16) 前掲注(8)「安芸郡　上」三六四頁。

(17) 前掲注(8)「安芸郡　下」一頁。

(18) 前掲注(8)「安芸郡　上」一四三頁、二〇六頁、二三八頁、二四五頁。

(19) 前掲注(8)「長岡郡　上」三二一頁。

(20) 前掲注(5)。

(21) 「金剛福寺文書」嘉禎三年一〇月一八日「法橋上人位某寄進状写」。

(22) 嘉禄二年一〇月に、九条家政所職員に任ぜられていた文人菅原為長が道家の勘気に触れ、「土佐之波多」を召し上げられるという事件が起きている。この「波多」は「幡多郡」を指すと考えられ、この家領はすでに嘉禄二年の段階で九条家領の中の一所となっていたと考えることができる(第一章第三節参照)。

(23) 本書「第三章　第二節　幡多荘における金剛福寺の役割」。

(24) 「金剛福寺文書」正嘉元年四月日「前摂政家政所下文写」。

(25) 【表四—Ｉ】では、表紙に含まれる複数の村々は省略し、表紙の村名のみを一覧したが、ここでは可能な限りそれらの村々を抽出し表示している。

(26) 前掲注(8)「幡多郡　下の二」五一六～六三三頁。

第五章　室町末期幡多荘の実態と特質の検討

―『桃華蘂葉』『大乗院寺社雑事記』を主な材料として―

はじめに

土佐国幡多郡（有諸村、村等）、当時雖有知行之号、有名無実也、但応仁乱世以来前関白令下向、于今在庄継渇命者也(1)

文明一二年（一四八〇）卯月、一条家の七代当主兼良による『桃華蘂葉』が完成した。兼良は応永九年（一四〇二）に生まれ、一一歳で元服して一条家の家督を継いだ。執筆当時は二度の関白就任を経て出家していたが、一代の碩学とも言われた兼良の人生は、激動の一五世紀をほぼ覆っていると言っても過言ではない。兼良は『桃華蘂葉』を完成させた一年後に没しており、この書物は当時家督を継いでいた一七歳の冬良に、一条家の故事作法・伝来の記録・管領寺院等を引き継ぐために遺誡として執筆されたものである。

右は、その中の「家領幷敷地等之事」と題する一文に記された土佐国「幡多郡」の概要である。一見してこの家領に対する兼良の評価がかなり低かったことが見て取れるが、この記述に関してはこれまで先人による否定的な見解が示されてきた。

安西欣治氏は、この家領はともかくも家門の下向を可能にしていることから、不知行とは言いながらも少しの契機で当知行に転換できるという状況だったのではないかとしている。奥書に「為左大将覚悟任筆所注置也」とあることから、兼良の家領についての記述には、冬良に対して当知行への悲願を期待するあまり悲嘆が多少誇張されており、それがこのような記述になったと解説した。[2]

これに対し池内敏彰氏は、兼良の記述はこの家領の実態を述べたものではないとしている。池内氏は「幡多郡」を「教房の領地」と位置付けており、応仁二年（一四六八）に下向し在荘を続けている教房が、この地に公家領国としての基盤を作り上げつつあったことから、敢えて事実とは異なる低い評価を見せることで、価値のないものとして冬良に相続を断念させる意図が兼良にあったとして、この家領についての兼良の評価を明確に否定した。[3]

もっとも、安西氏の指摘する奥書は、「家領幷敷地等之事」の一文の後に置かれているとはいえ、一文そのものの位置が有職故実を記した『桃華蘂葉』の最後尾である。とするならば奥書は、家領・敷地のみについてなされたものではなく全体に対してなされたものであり、この奥書は、書物の内容は冬良が一条家当主としてわきまえておくべきことである、というような意味合いでとらえるのが妥当ではなかろうか。

また、池内氏が位置付けた「教房の領地」という概念も、当該期の公家社会にそうしたものが存在していたかどうかは疑問である。長子相続制では一家の長子が当主という立場と全財産を引き継ぐが、その財産は長子個人の所有物ではなく家産という意味合いを持つ。兼良が同書を執筆した文明一二年の時点では、一条家当主はすでに教房の跡の左大将冬良であり、たとえ教房が在荘していたとしても、「幡多郡」は冬良が管轄すべき一条家領の中の一所ととらえるべきと考える。

兼良の記述は、室町期のこの家領に対する領主側の評価という観点からみると、短いながらも重要な意味を持つのではないかと考える。なぜならば、当該期のこの家領についての事実関係は、兼良の息子の奈良興福寺大乗院尋尊の日記（『大乗院寺社雑事記』、以下『雑事記』と略記）(4)に断片的に窺えるに過ぎず、兼良の記述はこの家領を理解するための貴重な史料の一つになり得るのではないかと考えられるからである。

そうした視点から兼良が記した概要を読むと、「幡多郡」の記述にはその他の家領と比較して目立って異なる点があることに気付く。

第一には、「土佐国幡多郡」という家領名である。他の家領は「○○国○○庄」のような記述であるのに、この家領のみが郡名で記述されている。

こうした表記の仕方は、建長二年（一二五〇）の九条道家による処分状と同じである。当該処分状でもこの家領のみが「土佐国幡多郡」と郡名で記されており、それに続いて本荘・大方荘・山田荘・以南村・加納久礼別符の五ヶ所の荘園名が記されるという形をとっている。(5)したがって道家はこの家領を「幡多郡」という家領名で認識していたと考えられ、道家から二三〇年後の兼良もまた、この家領を「幡多郡」と認識していたことは間違いない。

次いで、「幡多郡」の概要の中に、荘園に関する具体的事項が全く含まれていないことが挙げられる。遺誡は総じて、後代への引継書という意味合いを含んでいる。したがって遺誡が遺誡としての役目を果たすためには、例えば家領についてであれば、記述者は通常なら由緒や支配形態、代官名とその請負額および収納状況等、荘園に関する具体的事項を伝えようとする。しかし本文で詳述するように、他の家領の概要にはそれらが一定記されているにも拘らず、「幡多郡」にはそうした記述が一切ない。『桃華蘂葉』が執筆されたのが、教房の下向・在荘後一二年を経たものであることを踏まえるなら、その事実は一層不可解なこととして受け止められよう。

こうした点に注目し、その背景を深く掘り下げ検討することは、この家領の実態の解明につながるのではないかと筆者は考えているが、これまでそのような観点からの研究は行われてはこなかった。本章の目的は、兼良が概要に記さなかった事項に焦点を当て、その背景を明確にすることを通して、この家領の特質と中世末の実態を明らかにすることにある。具体的には以下のように検討を行いたい。

第一節では、兼良が記した概要から当該期の個々の一条家領を概観し、「幡多郡」の年貢額および一条家の経済を考える。

第二節では、家領を主張する際に最も重要であると考えられる伝領の経緯について、「幡多郡」と同様の伝領経緯を持つ他の家領との比較から「幡多郡」の一条家における位置付けを検討する。

そして第三節では、『桃華蘂葉』の執筆時期が教房の一二年に及ぶ在荘を経た後であることに鑑み、教房から兼良に届いた書状・金品をたどることで、「幡多下向」という漠然とした用語で説明されるところの教房の行動に輪郭を与えたい。そうした作業によって、一条家領におけるこの家領の位置付けを明らかにできると考えている。

第一節　室町末期の一条家領とその経済

（一）室町末期の一条家領

まずは問題の検討に先立ち、『桃華蘂葉』執筆当時の一条家領を概観したい。次節との関係上、煩雑ではあるが問題となる一文を挙げることにする。

【史料―Ⅰ】

一、家領幷敷地等之事

山城国小塩庄、当庄雖加家領安堵支証、寄進光明峯寺之後、一向為寺家之計、不成本家之綺者也、雖然應仁之乱寺家顚倒、寺僧一人不留迹、已以可為闕所之處、文明九年十二月、愚老為御礼致参洛、則可帰寺之處、此まゝ可致在京、然者就由緒可被宛行当庄、暫以此在所可令堪忍之由、被仰付之間、已以及今日畢、此中山崎分、為寺務得分、割與随心院僧正、一期之間は不可違変者也、

同国久世庄、為春日社神供料所、辰市権預代々致奉行者也、此中毎年六十人夫役、為家門之得分、近年寄事於左右、無沙汰、可加厳密下知者也、辰市当庄無為知行之時者、有課役事等、当時称不入手之由云々、無沙汰畢、

摂津国福原庄（領家職也）、鎌倉右大将家已来伝領之、武家代々安堵在之（讃岐国山田庄、同在一紙）、土貢者、赤松請申時、為四百

五十貫、次第減少、当時香川預之守護被官、代官職為家門自専之在所、検断人足等事、普廣院幷当将軍下知
状等在之、
土佐国幡多郡、有諸村村（ママ）等、当時雖有知行之号、有名無実也、但應仁乱世以来前関白令下向、于今在庄
継渇命者也、
備後国坪生庄、山名被官人大田垣為代官、其後平賀預申之、毎年年貢三千五百疋、筵等也、山名書状等在
之、為園中納言給恩之地、然而当時依当国錯乱未入手也、
和泉国大泉庄此事有高野寄進分、見元弘三年綸旨等、于今知行無所違、土貢細川阿波守被官人吉志請之、三千五百疋
請地也、近年如形致其沙汰、堅可加下知者也、
越前国足羽御厨、自鎌倉右大将家相伝、手継文明也、中比常磐井宮知行之、無其謂者也、然間応永廿三年
十二月、勝定院贈相国故殿御時、以自筆状被返付之、可為永領之由被載文言畢、爾来于今無相違、代官
朝倉美作入道請之、毎年土貢四百余貫致沙汰、応仁乱世以来、朝倉弾正左衛門尉一向押領之、言語道断
事也、
別納行俊名同朝倉請申之年貢千二百疋、為家僕給恩之地、
同安居保足羽御厨別納也、安居修理亮請之、毎年年貢六千五百疋沙汰之、其後下直、代官座主僧令所務、千貫計得
分也、應仁以来朝倉弾正左衛門尉押領之、
清弘名安居別納名也、請四千三百疋、為家僕給恩之地、應仁以来又混惣庄押領之、
吹田名同、高台寺寄進之地、請四千疋、子細同上、
同国東郷庄、代官朝倉一族号東郷、預申之、年貢七千疋、應仁以来弾正左衛門尉押領之、

一条室町敷地、花町第、應仁之乱焼失之、室町西日野宿所、同寺焼失了、其後日野第雖新造之家門、未及再興為之如何、
一條町口四十町地、此中小川西有寄進誓願寺之地、応仁已後、甲乙人任意知行之、文明十年以来雖有武家下知、奉公人等不随所勘、紹慶庵敷地等有掠申之輩、于今不落居、
武者小路室町地、壺殿跡也、近年有名無実、不知誰人押領契約他方事、
尾張国徳重保、普廣院贈相国初所宛給也、日野前内府家領等如元申賜之時、畠山三位入道徳本、入魂、家門返付日野了、
摂津国大田保公文職幷売得田畠、普廣院時、同時載一紙所宛行也、依有要用、売與池田筑後守了此中少分為細川判官給恩除之、
尾張国高畠庄、家門由緒之地也、畠山徳本禅門時、付家門了、此庄依有要用、売與尾州廣徳寺貴志知行寺也、
以上大田公文職幷高畠庄者、買得之仁萬一令得替者、致訴訟可致知行、池田吉志知行無相違者、不能子細者也、

文明十二年卯月上旬、為左大将覚悟、任筆所注置也、不可出閫外、深可蔵櫃底莫言之、
後成恩寺殿沙弥御判七十五歳
斯一冊紙数廿九枚、故禅閤殿下御自筆遺誡書也、一字各当千金、当家重宝何物過之哉、深秘篋底、敢莫怱之、
故殿関白御判
（右線強調は筆者、以下同様にて略）

【表五―Ⅰ】『桃華蘂葉』記載の年貢と収納状況

荘　園　名	年　　貢	収納状況
山城国小塩荘	不明	不明
山城国久世荘	毎年60人夫役	不明
摂津国福原荘	450貫	次第に減少
土佐国幡多郡	不明	不明
備後国坪生荘	3,500疋	未入手
和泉国大泉荘	3,500疋	形の如く沙汰
越前国足羽御厨	400余貫	朝倉押領
別納行俊名	1,200疋	朝倉押領
別納安居保	6,500疋	朝倉押領
別納清弘名	4,300疋	朝倉押領
別納吹田名	4,000疋	朝倉押領
越前国東郷荘	7,000疋	朝倉押領

右にあるように、兼良が認識していた室町末期の一条家領・敷地の数は、別納地を含め一八ヶ所である。このうち屋敷地の一条室町敷地、一条町口四〇町地と武者小路室町地、日野家に返付したという尾張国徳重保、入用のためすでに売却済みの摂津国大田保公文職と尾張国高畠荘を除くと、所謂年貢を生む家領としては、山城国小塩荘・久世荘、摂津国福原荘、土佐国「幡多郡」、備後国坪生荘、和泉国大泉荘、四ヶ所の別納地を擁する越前国足羽御厨・東郷荘となる。

かつて道家の家領処分によって一条家初代実経が受け継いだ家領は四〇ヶ所で、後に一条家への譲与が指示されていた実経の妹の藤原佺子分も含めると、その数は五〇ヶ所を超える。[6] 相伝時から二〇〇年以上が経過し、その間に寄進や譲与によって内容が変化していることを勘案すれば、これを単純に『桃華蘂葉』の記述とは比較できるものではないとはいえ、家領数が大きく減少しているのは間違いない。

加えて、この中の久世荘は、一条家の支配が及ぶという意味においては、上下に分かれた久世荘のうちの下久世荘のみである。隣の上久世荘が東寺の一円領であったのに対し、下久世荘は畿内に多くみられる散在型の荘園で、九条家・久我家・北野社・松尾社等、実に三一にも及ぶ公家・寺社に権利が分有されていた。[7] したがって兼良は単に久世荘と記しているが、一条家の権利がおよぶのはその中の下久世荘のそのまた一部分だけでしかない。この点は小塩荘も同様で、九条家・久我家等、他家領と権利が入り組んでいた。[8]

（二）室町末期の一条家の経済

これらの家領からの年貢を総計すると、その額はおよそ一、一五〇貫である。その中では、赤松氏請負時には四五〇貫であった福原荘と、四ヶ所の別納地を擁し、年貢の総額が六〇〇貫になろうかという足羽御厨の二ヶ所がそのほとんどを占めており、当時の一条家領の中で経済的に重要な位置を占めていたのは、この二ヶ所であったと言えよう。

しかし兼良によれば、福原荘の年貢は次第に減少しており、越前国の荘園は東郷荘も含めてすべて朝倉氏に押領されていた。他の地域を見ても、坪生荘は国中の錯乱により年貢未入手、下久世荘に課すことのできた六〇人夫役は、当時の情勢からして直接の労働力ではなく銭米で代納されていたと考えられるが、これも無沙汰となっている。

それのみならず、最大の年貢額を誇る足羽御厨の押領は応仁・文明の乱以前から生じており、一条家一門に連なる大乗院尋尊にとっても大きな関心事であった。『雑事記』には、朝倉氏の従者が打ち入っていた別納地の安居保に、文正元年（一四六六）九月になって一条家家司の宮内卿源康俊が直務のために入部したことが、「為家門珍重々々」と誇らしげに記されているが(9)、その記述からわずか三年後には、早くも足羽御厨と東郷荘の未進分合計が「朝倉弾正左衛門教景押領分」として一括りで記されている(10)。

このような結果、かろうじて家領としての態を保っていると言えるのは、年貢が減少しながらも何とか入手できているらしい福原荘と、三、五〇〇疋の年貢が近年も形通り収納できている大泉荘の二ヶ所のみであり、小塩荘・「幡多郡」には年貢の記述がないことから、これが『桃華蘂葉』の記述から想定できる一条家の収入となろう。

もっとも小塩荘については、荘内に複数存在する村郷の中の山崎分を息子の随心院厳宝に割与していることから推察されるように、それなりの年貢徴収が可能な状況であったと思われる。

兼良も記しているように、小塩荘は道家が嘉禎三年（一二三七）に創建した光明峯寺に寄進されており、応仁・文明の乱の戦禍によって寺が焼き払われ顚倒した後は闕所となっていた。けれども、戦禍を避けて奈良興福寺に避難していた兼良が、文明九年（一四七七）の暮れにようやく帰京したことを機に、この帰京を喜んだ足利義政によって一条家に返付されていたのである。(11)

家司松殿忠顕が後に尋尊に語ったところによれば、小塩荘の田数は二八〇町余り、元は御米九〇〇石で大方は四斗代である。けれども近来四五〇石程度に減少し、諸費用を差し引いて一条家が収納できるのは二五〇石程度に留まるが、催促するにも拘わらず無沙汰であると言う。さらにこの他に銭三〇貫が徴収できるがこれも看板倒れで、ようやく三貫ほどを手に入れたにすぎない。(12)

しかし、たとえ三貫とはいえ畿内荘園からの銭の直接収納は貴重である。また、催促すれば少額でも入手できるという緩やかさも、全く相手にもされない越前国の荘園とは異なる。その後も一条家からの粘り強い催促により、小塩荘の米を諸々の費用に充てたり、(13)冬良一家の朝夕等の費用にも充当するというように、(14)不定期ではあるもののそれなりの年貢収納が可能であった。

残るのは問題の「幡多郡」である。

日々の記録を詳細に書き綴る尋尊も、「幡多郡」からの年貢については教房の下向以前・以後を含めて『雑事記』の中で一度も言及しておらず、管見の範囲でもこの家領の年貢額が分かる史料は見い出せない。

ただし、幡多足摺岬に建つ金剛福寺の一四世紀中葉の院主心慶が、代請した観音寺領の別納三〇貫文の納付遅延に伴う弁明書を出しており、これが唯一この家領の年貢に関連する史料と言えよう[15]。もっとも、金剛福寺自身は請け負った年貢をこの地の統括者に供出していただけで、三〇貫文を含む年貢がその後どのように形を変えて一条家のもとに届けられていたのか、いなかったのかは確認できない。

その一方で、京都東福寺の貞和三年（一三四七）の所領目録によれば、元応二年（一三二〇）に兼良の曽祖父内経が「土佐国大方郷」なるものを東福寺に寄進しており、康永二年（一三四三）には祖父経通も「土佐国大方郷」の「重御寄進状」を東福寺に寄せているのが知られる[16]。

東福寺は一条家・九条家の菩提寺で、道家の発願によって嘉禎二年（一二三六）に創建され、後には京都五山の第四位に列せられ栄えたが、元応元年（一三一九）、建武元年（一三三四）、建武三年（一三三六）と相次ぐ火災によってその大部分が焼失した。歴代の一条家当主の中でも経通は東福寺に対して特に手厚い支援を行っており、造営料としてたびたび荘園を寄進している。建武元年の大殿焼失時には、直ちに武蔵国船木田荘が再建用として寄進され、康永三年（一三四四）には伊豆国井田荘が寄進された[17]。これらから類推すると、元応二年・康永二年の大方郷寄進は、菩提寺である東福寺の火災による堂舎焼失に対する再建支援の一環として行われたものと考えていい。

寄進された大方郷とは、道家の処分状で「土佐国幡多郡」の後に記された五ヶ所の中の大方荘を指していると思われるが、その大方郷の沙汰人から東福寺納所に宛てた年貢送文が残っている。

【史料―Ⅱ】

「（端裏書）銭未取」
送進　大方郷貞和四年御年貢用途之事
合拾貫文（ママ）三貫文
右御年貢用途者、佐賀村商人以六郎衛門送進之所也、到来之時者、御慥請取候て、御請取可下給候、仍送文如件、
貞和五年六月十五日　公文家忠（花押）
下司道悦（花押）
宥意（花押）
謹上　東福寺納所禅志師御寮(18)

右がその送文であるが、この文書からは、大方郷の年貢額全体が一〇貫文で、その内今回の送金額が三貫文なのか、年貢額全体は一三貫文でその全額が送金されたのか、送金額が判然としない。

またその年貢を納所に届ける役目は、荘官・沙汰人ではなく佐賀村の商人六郎衛門である。このことは、大方郷から東福寺に納入される年貢は、一四世紀中葉には荘園管理者やそれに準ずる者によってではなく、現地の商人によって届けられていたという状況を示している。それのみならず、送文の端裏には「銭未取」と記されているところからすると、六郎衛門はこの年貢を東福寺に届けていないのではなかろうか。

これらを勘案すると、幡多では南北朝の初期にはすでに、所謂荘園公領制の制度の中での領主への年貢送進システムが崩壊していた可能性が指摘できよう。もっとも東福寺にしてみれば大方郷はあくまでも東福寺領であり、

同寺は延徳二年（一四九〇）の寺領目録においても、依然として「土佐国大方郷」を寺領として掲載している。[19]

この東福寺への年貢送文の例を考慮するなら、「幡多郡」は遅くとも経通の時代までは、家領としての実体が一定あったものと考えられる。兼良の言に従うならば、「幡多郡」は兼良が当主となった一五世紀前半の段階では「知行之号」だけになっていたのであるから、家領という意味においては経通以降に急速に衰退していったと考えられよう。

けれども、たとえば年貢四五〇貫の福原荘は、赤松氏の請負以降次第に収納額が減少していると記されてはいるものの、完全な未進・押領には発展していない。それは一条家が福原荘から京進される年貢額を常に意識し、衰退を座視することなく、様々な手立てを講じて家領維持に努めていたからであると思われる。一条家は、一体なぜそのような注意を「幡多郡」にも向けなかったのであろうか。次節ではこの点について検討したい。

第二節　関東伝領地という由緒

（一）「幡多郡」の伝領経緯

「幡多郡」が一条家領の一角を占めるようになったのは、道家が晩年に家領処分を行うにあたって、この家領を含む四〇ヶ所を四男実経に譲与したことによる。そうすると、兼良の言う「知行」の権利はもとは九条家に与えられていたものであり、実経がこの家領を相伝したことによって、そうした権利までも引き継いだという意味で解することができる。

知行とは、中世・近世における包括的な土地支配の概念であるが、知行するためには公験もしくは時の政権が発給した御教書等の公的な証文が必要である。特に鎌倉期においては、荘園を領主に安堵する権限は朝廷のみが有する特権であった。九条家が「幡多郡」に有していた権利に関しては第一章で言及しているが、角度を変えて改めてこの問題について考えたい。

「幡多郡」という家領名の史料上の初見は、前述した建長二年の道家の処分状である。しかし、嘉禄二年（一二二六）一〇月、九条家の政所も務めたことのある菅原為長が道家の勘気に触れ、それまで道家から与えられていた「土佐之波多」を召し上げられるという事件が起きている[20]。この「土佐之波多」が「幡多郡」を指しているのは間違いのないものと考える。

為長は紀伝道を家業とし、文章博士も務めたほどの文人で、「土佐之波多（「幡多郡」）」で実際の経営に携わっていたとは考えられないことから、道家が取り上げたのは京都にいても受け取ることのできるもの、すなわち幡多から送られてくる得分、もしくはそこから派生するものということになる。このことから、道家は土佐の知行国主の立場にあり、為長は国除目によって拝領した幡多郡から上がる収納物を受け取っていた、という状況がまず想定できよう。

知行国制は、公卿等が子弟や近臣を国守に申任することによってその国の国務沙汰における実権を取り、国守の所得や国費を差し引いた余剰金等を一家の経済に取り入れる仕組みである[21]。ただし、ある国の知行国主が同じ家に引き継がれる傾向は見られるものの、国守の申任権は譲与できるものではなく、家の財産でもないことから処分状や遺誡には記されない。

ところがこの家領は、前述したように建長二年の道家の処分状に顔を出す。処分状に載せているという事実から、道家はこの家領を譲与可能な一所として認識していたということになる。したがって九条家が「幡多郡」に持っていた権利は、知行国制に基づくものではないと考えられよう。

その後、道家の嫡孫忠家が遺誡でこの家領を「関東伝領之地、土州幡多郡」と呼んでいる(22)。当該期の公家が「関東」という時には、それが鎌倉幕府を指しているのは自明であるが、忠家はこの遺誡で、自身が相伝した播磨国佐用荘のことも「関東伝領地」と呼んでいる。佐用荘には「不補別地頭、一向被献候也」という北条義時の書状があることから(23)、忠家は佐用荘と「幡多郡」を等しく鎌倉幕府が九条家に給付した一所と認識していたことがわかる。

これらを概括すると、「幡多郡」は嘉禄二年以前に何らかの理由によって鎌倉幕府が九条家に支給したもので、知行の形態は判然としないながらも家領としての実体はあった、すなわち現地から一定の得分が京進されていたということになろう。

また、この家領を支給した鎌倉幕府、受給者である道家とそれを引き継いだ実経、そして同じく道家から佐用荘を含む九条家領の一部を分与されたところの、道家の嫡孫にして実経の甥忠家といった、少なくとも道家の家領処分に関わった人々の間では、「関東伝領之地」「土佐国幡多郡」というような文言だけで、この家領が何をきっかけとして鎌倉幕府から支給されたのか、その権利はどのようなものなのかが共有できていたと考えられよう。

しかし時は荘園制崩壊期であり、一条家も各地に散らばる家領からいかにして年貢を収納するかという困難な問題に向き合っていたはずである。そうした時期に、知行地という由緒を持つ「幡多郡」に対して、兼良は何も手を打たなかったのであろうか。

【表五―Ⅱ】三ヶ所の「関東伝領地」が有する証文類の比較

荘　園　名	『桃華蘂葉』記載の文言	想定される証文
摂津国福原荘	鎌倉右大将已来伝領之	源頼朝下文および 建久３年後鳥羽天皇宣旨
	普廣院幷当将軍下知状等在之	足利義教安堵状 足利義尚安堵状
越前国足羽御厨	自鎌倉右大将家相伝、手継分明也	源頼朝下文および 建久３年後鳥羽天皇宣旨
	勝定院贈相国故殿御時、以自筆状 被返付之、可為永領之由被載文言畢、	足利義持自筆返付状
土佐国幡多郡	当時雖有知行之号、有名無実也	不明

この点に注目すると、『桃華蘂葉』に載る家領の中には、「幡多郡」と似た由緒をもつ家領が他にもあることに気付く。摂津国福原荘と越前国足羽御厨である。「幡多郡」の由緒が「有知行之号」という漠然とした記述になっているのとは異なり、この二ヶ所にはいずれも「鎌倉右大将家」という譲与者の名前が明確に記されており、合議制となった鎌倉幕府ではなく、それ以前の源家大将からの直接給付であることを強く意識した記述がなされている。この三ヶ所に対する兼良の対応を見てみよう。

（二）三ヶ所の鎌倉幕府伝領地の比較

福原荘と足羽御厨は、治承・寿永の乱後に源頼朝が手にした多くの平家没官領の中から、京都の公家一条能保の妻室となっていた自身の妹に譲与した、二〇ヶ所の荘園のうちの二ヶ所である。その後妻室が死亡したことにより、能保はそれらを嫡男高能と三人の女子に分与したい旨を朝廷に願い出ており、やがて朝廷から分与を許可する宣旨が届いたことが、頼朝にも書状で知らされた[24]。三人の女子のうちの一人は道家の母で、別の一人は道家の妻掄子の母親である西園寺公経妻室という事情からも[25]、この二ヶ所は姉妹のいずれか、あるいは双方に分与され、道家の母もしくは掄子がそれぞれ道家の父良経および道家の妻室となったことによって九条家に集合し、九条家領の一角を占めるに至ったものと考えていい。

兼良は、日を追って激化する応仁・文明の乱を避けて奈良に避難する際に、一条家の管領寺院である光明峯寺にかねてより避難させておいた、『玉葉』八合を初めとする九条家代々の記録類六二合を引き取り、大乗院に納めている[26]。その光明峯寺がそれから間もなく戦禍で焼失・顚倒したことを思えば、兼良には先見の明があったと言うべきであるが、この他の文書類は戦禍による邸の焼失、もしくは光明峯寺の焼失・顚倒と運命を共にしたと考えられる。

したがって確認するすべはないものの、先の経緯からみてこの二ヶ所には、頼朝の支給を示す文書と分与を認めた後鳥羽天皇の宣旨が存在していたと判断できる。兼良の「鎌倉右大将家」という具体的な譲与者の記述の根拠になっているのは、仮に案文であったとしても一条家にそうした文書が存在しており、兼良自身がそれらを直接目にしたことがあったからではなかろうか。このことは、そうした記述のない「幡多郡」には、一条家の権利を証明するものの存在がなかった、言い換えれば兼良がそうした証文を見ていなかったことを示唆する。よって兼良の「幡多郡」に関する知識は父経嗣からの口伝に過ぎない可能性が指摘でき、それが「知行之号」という曖昧な記述になったのではないかと考えられるのである。

加えて、これも兼良の記述に従うほかないとはいえ、一方の福原荘には足利義教・義尚の安堵状、他方の足羽御厨には足利義持の自筆の返付状の存在が示されていることから、この二ヶ所に対しては、一条家当主となった兼良自身が訴訟という手段をとり、権利の維持・回復に努めていたことも窺える。

福原荘・足羽御厨の二ヶ所は、源家大将からの直接給付という貴重な由緒に加え、当該期の一条家領の中では群を抜いて年貢額が大きく、経済的価値の高い家領であった。この二ヶ所からの年貢額は、当時の年貢総額の九割以上を占めていたことから、当主である兼良自身も常に関心を寄せていたものと思われる。そして未進・押領に対して、現地の守護やその被官人等に対する督促・抗議だけでは解決できないと悟るや、兼良は直ちに幕府に訴えて安堵・返付といった内容の発給文書を手に入れ、それらを背景に交渉を続けたのである。

しかしながらこの点についても、「幡多郡」には同種の発給文書の記述がなく、そうした文書の存在自体なかった、すなわち兼良が「幡多郡」に関心を示さず、維持のための行動を起こさなかったと解釈する以外にない。関白を二度務め、東山文化を常にリードし、日野富子に源氏物語の講義も行ったほどの兼良であれば、足利将軍の御教書を手に入れることぐらい簡単であったと思われる。それにも拘らず兼良がその必要性を感じず、何の行動も起こしていないという事実は、一条家における「幡多郡」の位置付けを如実に表していると言えよう。

さらに福原荘・足羽御厨に対する兼良の直接行動は、幕府への提訴だけに留まらなかった。

文明二年(一四七〇)四月、兼良は突然福原荘を興福寺に寄進している。[27]この寄進の表向きの理由は、福原荘の領家職を興福寺と春日社に造営料として寄進することにより家門の再興を祈念するというものであったが、その本質は兵庫関を有する興福寺に領家職と検断権を与え、同寺を代官とすることによって自らは本家職を確保するためであったのは間違いない。兼良にはこの寄進によって、歴代将軍の安堵状で追認された福原荘の権利を、さらに現実的に補完する目的があったと考えられよう。

もう一方の足羽御厨には、文明一一年(一四七九)八月に兼良自身が下向を決行している。[28]

この下向は、前年に右大将に昇進した冬良の拝賀費用に事欠き、その調達のために周囲の反対を押し切って実行されたものである。旅費の持ち合わせもなく、尋尊から借金をしてまで越前に向かった兼良が、代官朝倉孝景に義持自筆の返付状の存在を告げて返済を迫ったであろうことは想像に難くない。孝景は兼良自らの訪問にも滞っていた年貢を返付しなかったが、代わりに銭二〇〇貫・綿一〇屯等を手切金代わりに渡しており、[29]兼良は領主としての面目をわずかに保っている。

このような兼良の行動を見ると、経済的に重要な位置付けにあり、兼良自身が権利の支証を確認していたと思われる福原荘・足羽御厨と、得分京進がすでに途絶え、知行地という口伝だけが残っていた「幡多郡」との、一条家における位置付けの決定的な相違が分かる。

第三節　一条教房幡多下向の性格とその成果から見える幡多荘の実態

応仁二年（一四六八）の秋に実行された、前関白一条教房による幡多下向とそれに続く在荘の目的について、直接的に示された史料は管見の限り見当たらない。一部では対明貿易への関与のためともされ[30]、土佐と摂津を結ぶ恒常的な海上の物資輸送ルート確保のために、嫡子政房と歩調を合わせての下向とも言われるが[31]、通説的には家領回復のためと位置付けられてきた[32]。また、当該期の公家全般の下向・在国に関する研究においても、教房の下向は代官を排した領域支配のためとして分類されている[33]。

もっとも、家領回復という場合、かつてはその家領から一定の年貢が収納できており、それが未進・押領によって衰退しているという状況を、領主側が把握できているという前提がなければならない。しかし当該期の一条家が、「幡多郡」という家領をどの程度把握できていたのかは判然としない。前節でも検討したように、この家領からは南北朝期前半にはすでに年貢が送進されず、家領としての実体がなくなっていた可能性が強い。『桃華蘂葉』における兼良の「幡多郡」についての記述からしても、応仁期に至ってはかつての知行地という口伝以上の認識はなかったと思われる。

教房がそのような幡多に下向し、一度も京都に戻ることなく、没するまでの一二年間を過ごした背景には、どのような事情があったのであろうか。この点を『雑事記』の記述を基に考えたい。

（一）幡多下向計画

荘園制は南北朝期には衰退したとされ、室町末期には未進・押領が頻発し、維持不可能となって崩壊するに至る。寺社・本所は、不知行化への転落に瀕した家領に対し、様々な手立てを講じてその維持に努めたが、当主の現地への下向という直接行動に至るまでには、通常であれば現地に対する催促・抗議や幕府への訴訟等の手順を踏む。

前節で検討したように、「幡多郡」と同じ由緒を持つ摂津国福原荘や越前国足羽御厨に対しては、家司の派遣・訴訟の事実等が確認できる。この二ヶ所も鎌倉幕府からの給付地であり、九条家給恩の預所が設定されていたという点では「幡多郡」と変わりないが、近隣に藤原氏の菩提寺である奈良興福寺の関や寺領が置かれていたこともあって頻繁な家司の派遣がなされており、現地の代官に向けた一条家側の個別の対応があった。この二ヶ所には室町期を通じて一条家側からの不断の働きかけがなされており、一門に連なる尋尊もその経緯を注視していた[34]。しかしながら「幡多郡」にはそうした跡が一切確認できないのである。

兼良が「幡多郡」の概要に記した「応仁乱世以来前関白令下向」という文言からすると、教房の下向は応仁・文明の乱の勃発をきっかけとして計画・実行されたものであること、またその下向自体も教房の意思ではなく、兼良の発案・指示によるものであること等が推察されよう[35]。

この点は『雑事記』の記述からも裏付けることができる。

この家領が『雑事記』に初めて登場するのは、教房が奈良を出立した二ヶ月後の閏一〇月六日である。下向途中の教房一行からの初めての書状が届いた際に、尋尊は「土佐波多ヨリ御書到来」と記した。(36)「波多」とは、国造時代の波多国を表す「波多」という文字であり、興福寺が大和国に領有する荘園の一つで、人夫派遣の際などに割当を命ずる添上郡波多荘の(37)「波多」という文字でもある。すなわち兄教房の下向地でありながら、尋尊が幡多という音から連想した文字は「波多」であり、尋尊の認識がこの程度にすぎなかったということからも、下向計画がそれほど以前から立てられていたのではないことを物語っていると言えよう。

大乱勃発時、兼良は自身二度目の関白就任により朝廷に勤仕する必要があり、一条邸焼失後も九条随心院に避難しながら、一年近く京都に留まっていた。(38)けれども教房は散位で身軽だったこともあってか、乱の勃発と同時に避難した母親の東御方を追って、兼良より一年も早く奈良に避難している。(39)

奈良興福寺大乗院は、元々は現在の興福寺伽藍北方の奈良県庁の位置に建っていたが、治承四年（一一八〇）に起きた平重衡の南都焼き討ちにより焼失し、そのまま再建されることはなく、それ以前に大乗院門跡が院主を兼帯していた元興寺禅定院（興福寺南方・現在の奈良ホテル敷地はその一部）に本拠地を移した。しかし禅定院は、宝徳三年（一四五一）一〇月の土一揆による元興寺火災の類焼によって主殿を含む堂宇のほとんどを焼失してしまい、一条家の面々が避難して来た時には、再建作業の真っ最中であった。(40)

よって尋尊は、順次避難して来る一門を一旦は禅定院に迎え入れたが、やがて院主の隠居所である成就院を一門の居所にあてた。成就院は、東西一五丈一尺・南北九丈六尺の敷地に、三二坪の会所、南北三間・東西二間半の源氏の間、九坪の具屋、六坪の持仏堂等で構成されていたが、(41)これら複数の建物に、教房夫妻と母親をはじめとする一門の人々と世話方の女房等、総勢二〇名近い人間が暮らしていたというのが、兼良が避難してくるまでの成就院の実態であった。

そうした中、兼良がようやく京都を後にしたのは応仁二年八月一九日のことで、尋尊はこの時も兼良を禅定院に迎え入れたが、やがて八日後の八月二七日に、居住空間がすでに飽和状態となっていた成就院を兼良の御座所とすることが決定した。[42] 教房が幡多に向けて出立したのは九月六日であるから、この決定から一〇日後のことである。

遠国の土佐の、さらに西南の果てにある「幡多郡」に向かうという計画を発案・実行する準備期間として、一〇日間という日数は短すぎるであろうか。しかし、その前の一年間は兼良と教房は京都と奈良に離れて暮らしていた。そうした状況で、一条家領の中から「幡多郡」を下向地として選ぶ話し合いが行われたとは考え難いし、仮にそうであったなら、いつになるのか判然としない兼良の合流を教房が成就院で待つ必要はないように思われる。

さらに、「幡多郡」への下向が乱以前から計画・決定されていたものであれば、教房の奈良での一年間の無為な暮らしは不要であろう。いかにして家領からの収入を得るのかという、時代的・潜在的な困難に直面していた状況は確かに一条家に存在していたが、幡多下向という直接行動は、兼良が京都に見切りをつけて奈良に向かい、教房を含む一門と合流したことによって話し合われ、実行されたものとみていいのではないかと考える。[43]

あくまでも推測の域を出ないが、兼良は京都を後にしたことにより関白としての現実的な仕事から解放され、改めて衰退した荘園からの年貢収納という経済的な問題を直視したのではなかろうか。そして家領を見渡した時に、唯一詳細が判然としないままに「知行之号」だけが残り、兼良自身も実態を確認しようともせずに放置していた「幡多郡」に思い至ったのではないかと考えるのである。

（二）知行地という認識と下向目的

ここで確認しておかなければならないのは、兼良にとってこの家領はあくまでも「幡多郡」であり、知行地であるということである。

建長二年の道家の処分状と兼良の『桃華蘂葉』に、「土佐国幡多郡」という同じ記述が見られることは、九条家がこの家領を「幡多郡」と認識しており、一条家もまたそれを受け継いで、相伝以来この家領を「郡」として認識してきた証左である。本来「郡」は、複数の荘・郷を内包するかなり広い単位であるが、兼良は自らが居住する畿内近郊の荘・郷との比較によって、この家領の広さをとらえていたと考えられる。

また知行とは、中世・近世における土地支配の概念である。すなわち兼良は、一条家が「郡」という広い範囲に包括的な権利を有しており、かつてはその権利を実行していたのだという認識を持っていたと考えていい。不知行の家領と向き合った兼良が、「幡多郡」におけるかつての栄光を取り戻そうと考えたとしても不思議ではない。そして、知行するというからには「幡多郡」に出向く人間は家司ではなく、あくまでも一条家の人間でなければならない。当主の教房自身が幡多に向かわなければならなかった理由がそこにある。

一条家ではこの時期に、教房のみならず兼良、冬良、教房の嫡男政房等、当主やそれに次ぐ立場の人物が家領に下向した例が見られる。ただしそれらは、明らかに二つのタイプに分かれている。

一つは兼良・冬良の下向に見られるもので、荘園領主が現地に出向くことで代官から滞っていた年貢を回収したり、代官を排して百姓から直接年貢の徴収を目論んだものである。

前節でも触れたように、兼良は文明一一年八月に越前に下向し、朝倉孝景から銭二〇〇貫等を受け取ってきた。

兼良の目的は、一義的には冬良の拝賀費用を賄うためのものであったが、その本質は越前の荘園の代官である朝倉氏が未進を続けていた年貢の徴収にあるのは言うまでもない。

この時にはまだ一六歳で、右大将に昇進したばかりであった冬良も、文明一五年（一四八三）が押し詰まった一二月二七日に摂津国福原荘に下向している。この下向は、細川氏被官の福原荘代官香川氏が年貢を納めず、細川政元の館に出向いて種々交渉するも埒が明かないため、とうとう冬良自身が現地に乗り込んだもので、香川氏を京都に追い出し百姓から直接今年分の年貢を徴収し、さらに未収であった去年分についても供出の確約を取り付けている(44)。

両名の下向に共通するのは、明らかにその目的が未進の年貢徴収にあり、且つ下向によって一定のまとまった額の収納に成功しているということである。

荘園領主直々の下向はやはりそれだけの価値があり、下向される側としても無視を決め込むわけにはいかない。一旦は領主に一定の銭金を渡し、今後の対応を約することになる。この両名の下向は、所謂荘園公領制の支配構造の中で、本来は現地から京進されていた年貢を、反対に領主の側から徴収に行ったという単発の行動でしかない。したがって両名が現地に留まっていた期間は短い。兼良はわずか五日、冬良は約四ヶ月の滞在で翌年四月初めには帰京しており(45)、以後も福原荘に足を向けても滞在期間は短い(46)。しかも、下向には腹心の家司を供にはするものの、当主単身の行動で妻室や子女は同行しない。

他方、教房の幡多下向はこれとは全く趣を異にする。

教房は、幡多に下向後二年も満たないうちに出家したいと嘆きながらも、一二年の長きにわたって一度も京都に戻らず、没するまで幡多で暮らし続けた。また、下向に際しては出発の時から妻室を伴っており、妻室もやはり一度も京都に戻ることなく幡多で没している。さらに前述したように在荘中に年貢の京進が見られない。現地の国人領主等が下知に応じたと奈良の兼良に喜んで知らせはするものの[47]、幡多からは一度も年貢が送られて来ることはなく、教房の下向・在荘は一条家に対する経済的貢献に結びついていないのである。

さらに教房の嫡子大納言政房も、教房の出立から二ヶ月後に成就院を出て福原荘に下向したが、一年も経たぬうちに、居所としていた福厳寺が山名・赤松両氏と大内方問田氏との合戦場となり、戦乱に巻き込まれて殺害された[48]。したがって政房のこの福原下向を、教房の下向と同一視することには慎重でなければならないが、政房もやはり妻室を伴っており、現地の問田氏や中御門縁者の福光氏が自分に忠誠を尽くしていると奈良に知らせてはいるが、政房在荘中の福原からは一銭の銭も一石の米も京進されていない。逆に、彼らの朝夕のことなどは大内氏が面倒を見ている始末である。

この両名の下向は、兼良や冬良の年貢徴収のための下向とは異なり、両名が現地に滞在することそれ自体に意味を持たせたものであると考えざるを得ない。一条家の人間の在荘こそが彼らの考える知行であり、彼らはそうした方法によって現地を包括的に支配していると思っていたのである。そうした知行はどのような成果を生み出したのであろうか。

(三)　教房下向の成果

次頁に挙げる【表五―Ⅲ】は、教房が「幡多郡」に在荘した約一二年間に、幡多から奈良に届いた書状と金品をその持参者とともに一覧したものである[49]。成就院に避難した一条家一門の暮らしは、尋尊の暮らしと一体化しており、兼良宛てに届く教房の書状の中身も尋尊の知るところとなっていたのである。

【表五―Ⅲ】幡多から届いた書状・金品とその持参者（『大乗院寺社雑事記』より抜粋）

年　月　日		内　　容	持　参　人
応仁元(1467)	8月25日	前関白教房、応仁・文明の乱勃発により奈良興福寺に下向	
応仁2(1468)	9月6日	幡多下向のため興福寺成就院を発つ	
応仁2(1468)	閏10月6日	書状・9月25日堺から乗船、妻室・興福寺都維那宗兼帯同。26日甲浦阿弥陀寺を経て井ノ尻寺（青龍寺ヵ）に参る	伊勢参りの幡多郷山田庄内の中坊という者
	11月3日	書状・3名の国人に対する官位斡旋依頼	不明
	11月23日	書状・教房妻より路次報告	大平の被官人
	12月14日	書状・大概無為	宗兼都維那（下向の供帰還）
	12月16日	**大職冠図絵具代100疋**	**不明**
文明1(1469)	**5月14日**	**書状・松殿下向を望む。両社神馬代、尋尊に100疋**	**彦次郎**
	7月5日	書状・内容不明（6月6日付）	叉六
	8月11日	書状・下山・中村闕分知行、3名の官位斡旋依頼（5月7日付）	勧進聖
	9月1日	書状・内容不明（6月28日付）	足摺法師民部卿
	12月晦日	書状・政房の死を嘆く（12月5日付）	不明
文明2(1470)	**2月6日**	**進上物100疋**	**荘内の百姓・参宮のついで**
	2月6日	（※）2,500疋と以降毎月500疋約定	美濃・斎藤氏より
	2月15日	書状・兼良以下全員の下向を望む	荘内の者・社参のついで
	6月7日	書状・内容不明	山路右京助・社参のついで
	7月15日	書状・出家希望するも兼良現職につき不可能の嘆き	不明
	8月3日	**書状・（3月28日付）硯一面・キラカラノ細工切**	**不明**
〈4月19日、兼良息子冬良6歳を教房猶子として家督を譲る旨申し出、教房が承諾〉			
	8月4日	書状・大概無為、入野父子下知に応ぜず春日社に名籠め	不明
文明3(1471)	2月14日	書状・内容不明（正月16日付）	不明・社参のついで
	2月15日	書状・内容不明（正月11日付）	不明
	3月12日	書状・二条局（教房妻）入滅	不明
	10月5日	**書状・入野父子下知応諾、東御方（教房母）に400疋**	**不明**
	12月28日	神馬代200疋	不明
文明4(1472)	2月10日	書状・内容不明	不明
	6月23日	書状・内容不明（5月10日付）	不明
	9月21日	書状・内容不明	治部少輔久任
文明5(1473)	2月16日	書状・内容不明（正月11日付）	参宮者
	8月14日	書状・内容不明（6月14日付）	不明
	10月23日	書状・内容不明（6月20日付）	不明
	12月15日	（※）冬良元服費用2,000疋	美濃・斎藤氏より
〈文明5年11月18日、教房母の東御方美濃にて死去、葬祭費用6,000疋を尋尊等が負担〉			

文明６(1474)	９月18日	書状・７月より病、薬を所望・加久見娘が昨年から奉公	不明
文明７(1475)	７月13日	書状・加久見入道６月24日入滅、金剛福寺院主下向要請	不明
	８月13日	(※) 1,000疋と唐紙80枚	周防・大内政弘より
文明８(1476)	５月９日	書状・内容不明（４月23日付）	不明
	５月23日	書状・内容不明（３月付）	不明
文明９(1477)	**10月29日**	**人参・胡椒**	**不明**
〈文明９年12月17日兼良、成就院を発ち帰京〉			
	12月22日	書状・内容不明	不明
文明10(1478)	６月26日	(※) 3,000疋	美濃・斎藤氏より
	８月10日	(※) 3,000疋	周防・大内政弘より
	８月23日	書状・不明（４月11日付）	高野山海乗上人
	12月28日	書状・土佐の若君（房家）２歳、興福寺に入室決定	治部少輔顕基等上洛のついで
〈文明11年３月25日、兼良の依頼した一条邸造営用材木、柱110本・板50枚が堺に届く〉			
文明11(1479)	６月19日	書状・新三位顕郷死去（６月２日付）	不明
文明12(1480)	12月７日	書状・教房薨去	不明

注①太字は幡多から届いた金品。
注②（※）は美濃斎藤氏・周防大内氏から兼良への献上金。

一見すると明らかなように、書状の数は比較的多いが、金品を伴っていたのはわずかに七回で、このうち贈答用に手に入れたと思われる硯・キラカラノ細工切と人参・胡椒を除くと、銭は総計九〇〇疋しかない。一二年間の年貢収納額としてはあまりに貧弱であり、親族間の贈答の域を出ていない。参考までに表に加えた美濃斎藤氏・周防大内氏からの兼良への献上金と比較しても、その一回分にも及ばない。

さらに、冬良の元服は斎藤氏からの献上金二、〇〇〇疋の到着を待って行われており、美濃で没した母親（東御方）の葬儀は費用総額が六、〇〇〇疋という盛大なものであったことから、兼良・尋尊等もその一部を負担したが、教房から何がしかの銭金が届いた形跡は見られない。文明一〇年（一四七八）には、兼良の命に応えて戦乱で焼失した一条邸再建用の木材を送っているものの、再建された新しい一条邸も、【史料―Ⅰ】で兼良が「雖新造之家門、未及再興、為之如何」と嘆いているところをみると、摂関家としての一条家の家格を誇る居宅の再建には十分な量ではなかったということになろう。それのみならず、火災からの再建作業が終盤に差し掛かっていた禅定院に対する支援金や、再建用の木材が送られてきた様子もない。

あるいは尋尊が把握できていないだけで、直接兼良宛てに別途金品が届いていた可能性があるだろうか。けれども兼良が文明九年に帰京するまでは、仮に幡多から何かを送るとしても宛先はそれまで居所にしていた成就院以外にない。一時は二〇名にも及ぼうかという、一条家一門の朝夕を含む諸費用を負担しなければならなかった尋尊にとって、兼良宛てに届く金品は貴重である。尋尊が斎藤・大内両氏からの献上金の額を承知しているところから見ても、教房からの送金があれば見逃すはずはなく、やはり教房から届いた金品はこれ以外にはなかったと考えるのが妥当であろう。

【表五—Ⅲ】を概観して特に興味深いのは、幡多からの書状・金品の持参者の多くが尋尊が名前も記さない人物で、その中に社参・参宮のついでの荘内の者や百姓、足摺岬金剛福寺の法師等が含まれている点である。書状の到着までの日数がまちまちで、到着が前後しているものがあること等からも、教房の書状は在地の人間が所用で上京するついでという偶然性に頼って届けられていた可能性が強い。後には家司源久任の名前が見えるものの、教房の下向・在荘に際し、家司が定期的に奈良と幡多を往復するという体制が初めからとられていないだけでなく、現地に暮らす教房の周辺にも名前を記すほどの武家が勤仕していなかった証左である。

さらに注目されるのは、下知に応じないことを理由に春日社頭に名前を籠められた入野家元・家則父子が下知に応じて以降も、幡多から一疋の銭金も送られてきていない点である。

教房は下向後矢継ぎ早に、現地の六名の国人領主等に対する正式な任官の斡旋を依頼する書状を奈良に送っている。奈良に居住しながらもいまだ関白の地位にあった兼良を通じた斡旋と考えられ、正式な官位を与えることで家司的な存在を作ろうとしたものと思われる。下知の内容が判然としないが、おそらくは官位を差し出す代わりに忠誠を求めたものであろう。忠誠を示す具体的行動が年貢供出・京進であったことは間違いない。入野父子は、息子家則に提示された市正の官位をもってしても応諾しなかったために名前を籠められたものと考えられる。[50]呪詛という手段を講じられたのが入野父子だけという点を踏まえるならば、残りの五名は教房の示す官位とそれに伴う下知を受け入れたものと判断できる。

すると、真に注目しなければならないのは実はこの五名の方であろう。

官位斡旋が行われたのは、応仁二年一一月と文明元年八月であるが、彼らが下知を受け入れて以降も、幡多から届く銭金はなく、兼良をはじめとする一条家一門が金銭的貧苦に喘ぐ状況が改善されていない。斎藤・大内両氏から兼良への献上金の額までも把握していた尋尊であれば、幡多からの京進物は必ず『雑事記』に記したと考えられるし、そうしたものがあれば兼良も、冬良の拝賀費用調達のために周りの反対を押して越前まで足を運ぶ必要はなかった。入野父子は下知に応じないという態度で反抗の意を示したが、この五名は一方では教房の提示した官位を受け入れながら、他方ではその下知を無視したと考えられるのである。

教房一行が特に虐待もされずに暮らしていることから、教房を受け入れ生活の面倒をみる者は幡多に存在していたのであり、教房の下向・在荘自体は現地の利害と敵対するものでなかったのは確かである。しかし、現地はすでに一条家とは乖離した異なる体系の中で動いており、教房がその体系を邪魔しない存在であったからこそ排除されなかったのではなかろうか。

おわりに―何が有名無実なのか―

以上、『桃華蘂葉』および『雑事記』の記述から、室町末期のこの家領の実態と教房の幡多下向の性格と成果について検討してきた。その結果は以下の通りである。

①兼良は、口伝に頼った観念的な認識ではあるものの、「幡多郡」という家領を一条家の知行地と認識していた。とはいえ、「幡多郡」の中身についての具体的事実は全く把握できておらず、年貢確保のための催促・抗議・訴訟といった行動をとった形跡もない。兼良はこの家領にほとんど関心を持っておらず、「幡多郡」が一条家領の中で重要な位置付けにはなかったことが窺える。しかし、その一方で兼良は、一条家が「幡多郡」に対し包括的な支配権を有しており、かつてはその支配権を行使していたという認識は持ち続けていた。よってそうした「幡多郡」への教房の下向は、知行地を知行するために実行されたものであると考えなければならない。知行するというからにはその人物は一条家の人間でなくてはならず、それが当主の教房自身が下向し在荘を続けなければならなかった理由であると考えられる。

②下向した教房は、現地の国人領主等に官位を斡旋し、それと引き換えに自らの下知の受け入れを求めるという方法をとり、国人領主等はそれを受け入れている。教房が考えた知行の形は、国人領主等を排除した直接支配ではなく、国人領主等に正式な官位を斡旋することで彼等より上の立場に立ち下知を行う、というものであったと想定される。しかし、『雑事記』の断片的な記述による再現とはいえ、【表五―Ⅲ】に見

られるように、教房の在荘中に年貢が京進された跡は確認できず、一条家に生じた臨時の出費にも対応できていない。教房が「幡多郡」に包括的・領域的な支配を展開できていたとは考え難い。

これらを踏まえ改めて『桃華蘂葉』の「幡多郡」の概要に目を向けると、兼良の記述は二つの点で重要な意味合いを帯びていることがわかる。

一点目は、「有名無実也」という言葉から読み取ることができる、兼良の失望と諦念である。教房が下向する以前の兼良の認識の中では、たとえ口伝によるものであったとしてもこの家領は知行地であった。教房の知行が順調であれば、「幡多郡」の年貢は教房の下に一元的に集められ、そこから振り分けられたものが一条家に送進されて来る。兼良を含む一条家一門が、奈良で待ち望んでいたのはまさしくそれであった。しかし、幡多から届いたのは書状と僅かな金品のみであった。教房は現地に存在感を示すことはできず、教房の知行は一条家が到底満足できるものではなかった。『桃華蘂葉』が教房の下向後一二年を経た後に執筆されたものであることを考慮するなら、「有名無実也」という言葉は兼良の教房に対する冷徹な評価が現出したものであり、兼良自身もようやく「幡多郡」が知行地ではないことを悟ったという意味で理解されなければならない。

二点目は、「有諸村村等」という記述から想定されるこの家領の狭さである。

かつて道家の処分状では、「土佐国幡多郡」の後には五ヶ所の荘園名が記されていた。兼良が『桃華蘂葉』に家領名を「土佐国幡多郡」と記しているのは、口伝によるものとはいえ、兼良もまたこの家領を「郡」と認識していたからである。本来「郡」は複数の「庄」や「郷」を内包するかなり大きな単位であるが、兼良は「幡多郡」という名前から、この家領の範囲としてそれらを内包した広大な領域を想定していたのである。

しかしながら、兼良は生涯に一度も幡多の地を踏んでいないにも拘らず、道家の記載を踏襲せず新たに「有諸村村等」と記した。それは、この家領の実態が、いくつかの村々の集合体でしかなかったことが兼良に判明したという意味で解することができる。

有名無実とは、名前ばかりで実質が伴わないことを意味するが、兼良が有名無実と断じたのは「知行之号」に対してだけではない。それは家領の現実的な広がりに対する結論でもあり、複数の荘郷を内包する単位である「郡」という名称から、兼良がそれまで理念的・観念的に認識していたこの家領が、実際にはそうした認識からかけ離れた狭く小さなものに過ぎなかったということが、この時点でようやく明らかになったという意味で解釈する必要がある。この段階でようやく「幡多郡」に対する兼良の認識が、現実的なものになったのだと判断できよう。

けれども、教房の晩年に在地の国人領主加久見氏の娘との間に誕生した男児は、幡多に受け入れられ幡多で生きることを可能にする。一旦は教房の下知に軽視・無視という形で応えた幡多の国人領主等は、今度は男児の下に集結し、尋尊の孫弟子としてすでに出家が決定していた男児の元服に向けての活動を開始するのである。(51)

室町幕府の衰退に伴って地域権力が伸長し、自らの台頭を目指して戦乱に明け暮れた戦国期に、複数の国人領主等に推戴されるという形で成立した、この所謂土佐一条家の性格や存在形態は極めて興味深い。筆者自身の力不足により、本章では教房を迎えた幡多の権力構造や、室町期の守護勢力と現地との関係性等について言及することができなかった。本文中で示した課題に加え、そうした点を今後の課題とし、引き続き検討を行いたいと考えている。

注

（1）一条兼良『桃華蘂葉』（『群書類従第二七輯雑部二六』所収、一九三一年）。以下、兼良の記述に従い、家領名は「幡多郡」とカッコで括り、郡名の幡多郡と区別する。

（2）安西欣治「一条家三代にみる家領への下向」（『崩壊期荘園史の研究』岩田書院、一九九四年）。

（3）池内敏彰「一条氏研究」（『高知県立中村高等学校研究紀要』三四号、一九九一年）。しかし後に、冬良の「家督権」と教房の「知行権」という二つの概念を示し、「幡多郡」の概要の「土佐国幡多郡有諸村村等、当時雖有知行之号、有名無実也」「継渇命者也」が冬良の「家督権」を記したもので、「但応仁乱世以来、前関白令下向于今在庄」が教房の「家督権」を記したものであるとして先の見解を修正した。いずれにしても、幡多が豊穣の荘園であったという池内氏の評価には変わりない（「『桃華蘂葉』に見る土佐国幡多庄と『大乗院寺社雑事記』」（『土佐史談』二四二号、二〇〇九年）。

（4）『増補續史料大成　大乗院寺社雑事記』臨川書店、一九七八年。以下同書からの引用は『雑事記』と略記し年月日を示す。

（5）建長二年一一月日「九条道家初度物処分状」（『図書寮叢刊　九条家文書』宮内庁書陵部、一九七一年、五―（一）号）。

（6）前掲注(5)。藤原佺子は四条天皇の内侍となった道家の娘で、道家から家地として芬陀利華院、家領として河内国点野荘以下の一七ヶ所が譲られた。道家の処分状では、これらの家領のうち別当三位源雅光が寄進した四ヶ所以外は、一期の後に全て実経の息子に譲るように指示されていた。

（7）上島　有「京郊荘園の農民と荘家の一揆―山城国上久世庄―」（稲垣泰彦編『荘園の世界』東京大学出版会、一九七三年）。ただし、ここで名前が挙げられている領家のうち、九条兼実・宜秋門院任子・九条道家の三名は、任子が父親の兼実から譲与された久世荘を、一期知行の後に甥の道家に譲与したという連続性がある。領家として名前が挙げられている中にはこの種の重複が考えられ、実際に同時期に存在した領家の数はそれほど多くなかったのではなかろうか。

（8）『雑事記』文明一五年五月一五日条。

（9）『雑事記』文正元年九月一〇日条。
（10）『雑事記』文明元年九月一〇日条。
（11）『雑事記』文明九年一二月二七日条。
（12）前掲注（8）。
（13）『雑事記』文明一七年六月一日条。
（14）『雑事記』文明一七年六月二六日条。
（15）無年号四月七日「心慶書状」（『高知県史古代中世史料編』所収「土佐国蠧簡集脱漏」九二号、高知県、一九七七年）。
（16）貞和三年七月日「東福寺領諸庄園文書目録」（『大日本古文書　家分け第二〇　東福寺文書』三九八号）。
（17）前掲注（16）。
（18）貞和五年六月一五日「東福寺領土佐大方郷年貢送文」（『大日本古文書　家分け第二〇　東福寺文書』四八六号）。
（19）延徳二年九月三日「東福寺領諸庄園目録」（『大日本古文書　家分け第二〇　東福寺文書』四一〇号）。
（20）『明月記』嘉禄二年一〇月一二日条。
（21）橋本義彦「院宮分国と知行国」（竹内理三博士還暦記念会編『律令国家と貴族社会』吉川弘文館、一九六九年）。
（22）年月日不詳「九条忠家遺誡草文」（『九条家文書』一三号）。
（23）承久三年八月二二日「北条義時書状案」（『九条家文書』一四九六号）。
（24）『吾妻鏡』建久三年一二月一四日条。
（25）『尊卑文脈』第一篇、二六〇頁、二六一頁。
（26）『雑事記』応仁二年閏一〇月二四日条。
（27）『雑事記』文明二年四月六日条。
（28）『雑事記』文明一一年八月二二日条。
（29）『雑事記』文明一一年八月二七日条。
（30）山本　大「勘合貿易と南海路」（松岡久人編『内海地域社会の史的研究』マツノ書店、一九七八年）、池内敏彰

「寛正・応仁度遣明船の下着地と一条摂関家の関わりについて」（第五〇回四国中世史研究会（於香川県高松市）研究発表、一九九八年）、「雑事記にみる前関白「畑下向云々（上・下）」（『土佐史談』一九二・一九三号、一九九三年）。

(31) 中脇　聖「摂関家の当主自らが土佐国に下向する【土佐一条氏】」（日本史史料研究会監修、神田裕理編『戦国時代の天皇と公家衆たち―天皇制度は存亡の危機だったのか？』洋泉社、二〇一五年）。

(32) 前掲注(2)、および山本　大編『高知県史　古代中世編』高知県、一九七一年、荻慎一郎ほか編『高知県の歴史』山川出版社、二〇〇一年等。

(33) 富田正弘「戦国期の公家衆」（『立命館文学』第五〇号、一九八八年）、菅原正子「公家衆の在国」（『中世公家の経済と文化』吉川弘文館、一九九八年）等。

(34) 『雑事記』の断片的な記述から類推するしかないが、本文でも述べたように足羽御厨には一条家家司の宮内卿源康俊が直務のために入部を繰り返しており、福原荘でも守護違乱が生じた際に尋尊が「康俊朝臣之所行故也」と記している。これらにより、源康俊は福原荘・足羽御厨の経営に関わっており、一条家側のこれらの家領に対する関与が考えられる。前掲注(9)および寛正四年一一月二五日条等。

(35) 『公卿補任』長禄三年項および寛正四年項によれば、長禄二年一二月に教房が正二位で関白に任ぜられた際、後花園天皇は恒例の一座宣旨を出さず、これにより教房の席次が従一位左大臣三条実量よりも下位となる。教房はこの屈辱に反駁せず、後日このことを聞きつけて猛然と天皇に抗議し、家の名誉をかけて教房を従一位にさせ席次を戻したのは父親の兼良であった。この例から、教房は争いを好まぬ穏やかな性格の持ち主であり、摂家としての誇りや精神的権威を強烈に意識し、家格を整えることにこだわる気持ちは兼良の方が強かったと言える。兼良存命の間は、一条家における指示・命令系統は兼良が握っていたのではないかと考える。

(36) 『雑事記』応仁二年閏一〇月六日条。

(37) 『雑事記』寛正二年一一月五日条。

(38) 『雑事記』応仁元年八月二九日条。

(39) 『雑事記』応仁元年八月二三日条、二五日条。

(40)『雑事記』宝徳三年一〇月一四日条、享徳三年三月一四日条、文明四年九月一七日条、および森おさむ「中世庭園文化史・大乗院庭園の研究」(『奈良国立文化財研究所学報第六冊』、吉川弘文館、一九五九年)等。尋尊は火災により避難していた場所から、享徳三年三月に「禅定院ニ移住了」と『雑事記』に記しているが、尋尊の言うこの禅定院とは、主殿跡地の北方に完成した東西三間南北三間の建物を指しており、禅定院主殿の再建は文明一〇年である。

(41)『雑事記』文明一一年三月一八日条。

(42)『雑事記』応仁二年八月一九日条、八月二七日条。

(43)前掲注(30)の「雑事記にみる前関白「畑下向云々」(上・下)」で、池内氏は『雑事記』の文正元年一二月二四日条にある「畑下向云々」という記述の「畑」が幡多を指すものとして、教房の幡多下向が文正元年以前から計画されていた可能性に言及している。当該論文では、記述の中の「畑下向云々」の部分しか引用されていないため、ここで全文を掲げると「畑下向云々、細呂宜下方年貢事、京都取乱之間、無處催促歟云々、安位寺殿御迷惑察申」である。この文脈からは、「畑」は目的語ではなく主語であり、幡多ではなく人名であると解釈するのが妥当であると考える。また尋尊は、『雑事記』に兼良・教房の行動を記す際には、「御下向」「御休息」「御乗船」のように必ず尊敬語を使用するが、ここでは単に「下向」と記していることから、下向するのは尋尊より下位の人物と判断してよかろう。よって筆者は、「畑」とは興福寺最大の荘園である越前国河口荘を構成する一〇ヶ郷の中の、兵庫郷の事務方を務めていた畑常胤を指すのではないかと考えている。細呂宜郷は兵庫郷と同じく河口荘を構成する一〇ヶ郷の中の一郷であり、上下に分かれたそのうちの細呂宜下方が安位寺経覚に御料所として宛行われていた。細呂宜下方は、代官甲斐八郎五郎の遁走とその跡の堀江氏による入部不許可、および文正の政変とそれに続く政治的混乱により年貢が回収できておらず、経覚は御料所からの収入が途絶え手元不如意に陥っていた。この記述は、「畑」が河口荘に下向する旨を伝え聞いた尋尊が、細呂宜下方を御料所に持つ経覚の胸中を慮って記述したものと解するべきと考える。

(44)『雑事記』文明一六年正月一一日条。

(45)『雑事記』文明一六年四月一二日条。

(46)『雑事記』文明一六年七月二六日条、文明一七年四月四日条、四月一四日条等。
(47)『雑事記』文明三年一〇月五日条。
(48)『雑事記』応仁二年一一月一九日条、一一月二六日条、一二月五日条、文明元年一一月二日条、一一月一一日条、一二月一四日条等。
(49)一覧中、内容欄を「内容不明」としているのは、尋尊が書状の内容を日記に記していないために不明であることを意味している。持参人欄の「不明」も、同様に尋尊が氏名を記していないことを意味する。以下、一覧からの引用は出典を省略する。
(50)『雑事記』文明元年八月一一日条。
(51)『雑事記』文明一〇年一二月二八日条、文明一五年一二月一一日条、文明一六年七月二四日条、明応三年二月二五日条等。

終章　幡多荘とは何か

本書では、幡多荘＝幡多郡＝一条家の広大な一円領という通説的図式に対し、伝領経緯や領有、構造・領域・支配形態等の視点から実証的な検証を行い、幡多荘の再現を試みた。ここでは各章を総括するとともに、そこから得られた知見を基に幡多荘について論じ、課題を示して結びとしたい。

第一節　各章の総括

第一章「九条家領土佐国「幡多郡」の伝領とその特質」では、九条家領「土佐国幡多郡」が一条家領となるまでの伝領経緯を分析するとともに、その構造について考察した。

具体的には、一条家初代実経の父九条道家の曽祖父、藤原忠通が最勝金剛院領を譲与した娘の皇嘉門院聖子、聖子が家領を譲った甥の良通の死により遺領を管轄することになった良通の父九条兼実、そして兼実から九条家領の一期知行を託され嫡孫道家に伝えた宜秋門院任子、および道家という四名による家領処分を時代順にたどり、処分状の内容を分析することで、九条家領「幡多郡」がいつどのような経緯で成立、伝領されてきたのかを検討した。またこの家領は、道家の処分状では「土佐国幡多郡」という郡名に続いて五ヶ所の荘園名が記されるという形をとることから、この五ヶ所について『高知県史』『中村市史』等が比定する地域名からこの家領の構造を論じた。本章の検討では道家の処分状を検討の主な史料とするところから、本文でも道家の記述に従い家領名に「幡多郡」を用いている。

まず、「幡多郡」なる家領は、四名のうち道家の処分状が初見である。よって家領としての成立は、早く見積もっても鎌倉前期ということになろう。道家は処分状で、膨大な九条家領を「女院領」と「新御領」に区分し、且つ「女院方領」「関東伝領地」「女院方領幷関東伝領地之他」という三種類にも区分している。「幡多郡」は前者では「新御領」に、後者では「関東伝領地」に区分されており、さらに道家の嫡孫忠家の遺誡にも「関東伝領之地、土州幡多郡」とあることから、支証となる文書の類が見当たらないものの、一門の間ではこの家領は「郡」という単位と鎌倉幕府からの支給地という二点で認識されていたことがわかる。

幕府が一郡を支給する形として考えられるのは郡地頭職であるが、その一方で、処分状には前述したように五ヶ所の荘園名が記されており、加えて寄進地系の荘園に見られる預所が九条家給恩として記されている。このように、処分状を見る限りでは、この家領が公領であるのか荘園であるのかが容易に判断できない。ただし幡多から上がる得分が、一時的にではあるものの京住の文人菅原為長に与えられていた事実から、九条家は「幡多郡」を直務しておらず、実際の荘務は現地に任せたまま、自らは京進される得分のみを受け取るという形態をとっていたと想定される。

次に「幡多郡」の構造であるが、五ヶ所の荘園名の地名の比定に対する検討により、これらの荘園名は幡多郡を五分割する単位ではなく、一ヶ所は高岡郡にあったと考えられることが確認できた。また、五ヶ所のうちの本荘・大方荘・山田荘は、当該期の現地の史料では本郷・大方郷・山田郷のように郷名で記されており、一六世紀末の長宗我部氏による検地においても同様に郷名で記載されている。処分状における道家の記述自体が曖昧なもので、これは道家がこの家領を正確に把握していなかった証左でもある。

これらから、道家の記す「幡多郡」なる家領は郡域としての幡多郡と同一ではないことを指摘するとともに、九条家一門のこの家領に対する認識もまた、漠然とした観念的なものでしかなかったと結論した。

第二章「所謂「金剛福寺文書」に見る「先例」とその効用―正嘉元年一一月付前摂政家政所下文写の検討を中心に―」では、幡多荘に関する史料が所謂「金剛福寺文書」に限定されるという事実に鑑み、金剛福寺と一条家との関係性を明らかにするという目的のもと、同文書を分析することで両者の関係性がどのように構築され深化していったのかを論じた。

まず、この地域では、耕作地に適した平野が幡多中央部の四万十川河口付近、およびそこに西から合流する中筋川流域に集中しており、地方寺院や僧侶が田畠の請負や流通等の社会経済的活動に積極的に参加していたという状況が前提として存在する。金剛福寺は、幡多最南端の足摺岬に建つという地理的制約のもと、他寺が参加するこうした活動には不利であった。それを克服する手段として同寺が選んだのが領主一条家への接近である。

金剛福寺と一条家の関係性は、元々は道家が四男実経に分与した家領の中に幡多荘が含まれていたという、ただそれだけのことによって副次的に生じたものである。しかし、火災によって堂舎を焼失した金剛福寺は、幡多荘を相伝した直後の一条家に対し、一条家の高祖藤原忠通が同寺に示したという援助の「先例」を披露し、「先例」と同様の援助を要請する。一条家が要請に応え援助を行ったことによって、この援助は単に金剛福寺と一条家の関係性を形成するにとどまらず、金剛福寺が主張するところの、高祖藤原忠通から連綿と続くという同寺と摂関家との関係性までをも肯定する結果となった。この援助を機に、以後金剛福寺は幡多荘における一条家からの支援・特権の取得を可能にしたのである。このように本章では、両者の関係性は一条家の上意下達によって構築されたのではなく、金剛福寺が積極的に提出する解状に一条家が機械的に応え続けたことによって構築され、深化したことを明らかにした。

第三章「中世幡多地域における金剛福寺の存在形態と地域社会」では、引き続き「金剛福寺文書」の分析を通して、金剛福寺が幡多荘の中でどのような存在であったのか、それにより同寺は地域社会とどのようにつながっていたのかを論じた。

一条家は金剛福寺の解状に応え、幡多荘における金剛福寺の堂舎造営に対する援助や寺領内不輸不入の特権を許可し続けたが、そうした特権の一つに香山寺の田畠に対する金剛福寺の権利がある。その田畠は通常は香山寺が維持・管理するが、一旦金剛福寺が苦境に立つという状況になれば金剛福寺院主がすべてを自由にできるという、香山寺にとって著しく不条理な性格を持つものである。金剛福寺にのみ有利なこの権利を一条家が許可した結果、香山寺は本寺でもない金剛福寺の意向を無視できない立場となった。

「南佛領」と呼ばれるその田畠は、この家領がまだ九条家領であった嘉禎三年（一二三七）に、法橋上人位にある僧侶某によって香山寺に譲与されたものである。筆者は寄進者の法橋上人位某を当該期の金剛福寺院主南佛に比定し、南佛による田畠譲与を、金剛福寺の幡多中央の平野部への進出の嚆矢となったと位置付けた。金剛福寺領に対する不輸不入の特権と併せて、同寺は「南佛領」を足掛かりとして香山寺領を蚕食し、他寺の寺領代請を重ねながら自寺領を拡大させ、中世末期には平野部を中心に二〇〇町にもおよぶ寺領を形成することになる。

このように「金剛福寺文書」の分析から見えてくる金剛福寺は、一五世紀末頃までは地方寺院でありながらも幡多荘内の一領主的性格を強く帯びており、九条家からこの家領を引き継いだ直後の一条家の庇護を得ることによって、幡多荘内で他寺よりも優位な立場に立っていたことが確認できる。しかしその一方で、住僧等が院主の度重なる戒めに反して寺領を寺外に譲与するという背反行為を日常的に繰り返したり、火災による堂舎の再建に三〇年もの年数を要していることを勘案すると、住僧等の堂舎再建にかける熱意や精神性の欠如とともに、現地住民の側にも金剛福寺に対する尊敬や協力の存在が希薄であった状況が指摘できる。かかる状況が一条家への接近の要因の一つであったとも考えられよう。

補論「所謂「金剛福寺文書」について」では、これまで体系的に議論されたことのない所謂「金剛福寺文書」についてその問題点を指摘した。

すでに述べたように、「金剛福寺文書」は幡多荘についてのほとんど唯一の史料であることから、幡多荘および一条家に関する研究では例外なく史料として用いられてきた。文書の原本は金剛福寺が所蔵しているということになっているが、閲覧不可のため研究では多く近世に編纂された「土佐国蠧簡集」「土佐国蠧簡集脱漏」等の史料集に依ることとなる。しかし、これら史料集のほとんどは原本が失われており、実際には写本を基にして翻刻・発刊された『南路志』『高知県史　古代中世史料編』等の刊本を使用する。そこには、中世に限定するなら五〇数通の金剛福寺関連文書が収録されており、本書ではその中の五一通を「金剛福寺文書」と呼んで史料に用いたことは序章注に述べたとおりである。

同文書の通数について、『高知県歴史辞典』は「現存文書は五三通、このうち現文書は二一通（鎌倉期一三通、南北朝期八通）であとは写しである」と解説する。しかしながら、東京大学史料編纂所が所有するところの、金剛福寺を原蔵者とする明治二六年（一八九三）製の影写本の通数は二一通、平成二年（一九九〇）製の写真帳の通数は二四通しかなく、刊本に収録された通数および『高知県歴史辞典』の解説と大きく異なっている。原因は

『高知県歴史辞典』が「写し」と解説する三二通の文書にあるのは明らかであるが、どのような理由で「現存文書」のうち「写し」のみが影写本に収録されないのかが判然としない。

今回、これらを一覧化することにより興味深い事実が浮かび上がった。それは、金剛福寺と一条家の関係性の嚆矢ともなった、正嘉元年（一二五七）四月付の一条家政所下文をはじめとする、両者の関係性を裏付ける鎌倉期の文書のほとんどが「写し」とされる文書の中に含まれているということである。「金剛福寺文書」を史料として形成された幡多および土佐の歴史像は、多く「写し」とされる文書を基にしたものなのであった。

筆者もまた閲覧許可がいただけず原本に依っていないため、第二章・第三章における検討では文書の内容の検証のみにとどめ、文書自体の正否については立ち入っていない。しかし、同寺が所蔵するという文書すべてが開示されることが望まれるとともに、「写し」がいったいどのようなものなのかを含め、各々の文書に対する古文書学的検証を通して、「金剛福寺文書」の史料的価値を明らかにする必要があることを提起した。

第四章「長宗我部地検帳に見る戦国期の幡多荘―「郡」と「庄」の表示からの検討―」では、戦国期の『長宗我部地検帳』（以下、『地検帳』と略記）三六八冊を用いて幡多荘を可視化し、それによって幡多荘が一条家の広大な一円領という定説を否定し、幡多荘の領域とその特質、および幡多荘の真の領有者と思われる者の存在に言及している。

『地検帳』の幡多郡一〇五冊の表紙は、「幡多郡〇〇村」「幡多庄〇〇村」という二種類の表示に分かれている。「幡多庄」とは、本書で縷々検討を続けてきた幡多荘を指すと考えていいが、それらの村々を一覧することにより、「幡多庄」表示の村々が幡多中央の平野部から海岸線沿いに三ヶ所の小さな塊を形成していること、しかしそれを地図上で示すと、実はそれらの村々は塊を構成しているのではなく、「幡多郡」表示の村々と混じり合いながら、幡多中央の平野部から海岸線に沿って領域的に点在していること等を明らかにした。

近年の長宗我部氏に関する研究では、検地の目的は土地情報の把握よりも、元親が相手を滅ぼし新たに手に入れた土地を検地し、従属する国人・給人に知行地として宛行うことで、新領主としての支配を明確にすることにあったことが明らかにされている。よって長宗我部氏には、自らが滅亡させた一条家の荘園名を帳面に記載する必要はなく、「幡多庄」の表示は検地時点で必要な情報を記したものであると想定せざるを得ない。

幡多郡以外にも見られる「庄」や「分」の表示の中身との比較検討により、これらの表示は単なる呼称ではなく、現地に一定勢力を持つ寺院の、検地時点での寺領の実体に対して用いられている場合が多いことが確認できた。幡多においてこの条件が当てはまる寺院としては、中世に一条家と深い関係性を構築していた金剛福寺が想定され、「幡多庄」という荘園名が金剛福寺主導で用いられたと考えられることや、金剛福寺領の分布が「幡多庄」と表示された村々の分布と酷似しているという事実もこれを裏付けている。

ただし、「幡多庄」表示＝金剛福寺領ではなく、幡多中央の平野部では金剛福寺領が「幡多庄」表示の村々を飲み込む形で広がっているが、それ以外の地域では、「幡多庄」の表示は金剛福寺領から触手を伸ばすかのように四方に延びている。したがって、両者の相似性のみをもって「幡多庄」を金剛福寺領と位置付けるのは早計ではあるが、幡多荘は一条家よりも金剛福寺との関係性において検討すべきものであることを指摘した。

また、他郡の「庄」の表示は「郡」が「庄」「村」を含み、「庄」は村と同等に置かれて、「庄」の中身も一村もしくは数村で、比較的狭い範囲である。これに対して「幡多庄」の表示は「郡」と「庄」が同等であり、それぞれが「村」を含むという特徴がある。さらに「庄」表示の村々は、「郡」表示の村々と混じり合いながら領域的に広がっているという点も、他郡に見られる「庄」とは明らかに異なっている。これらの特徴は、「幡多庄」

の特質を考える上で貴重な指標になると考える。

第五章「中世末期幡多荘の実態と特質の検討―『桃華蘂葉』『大乗院寺社雑事記』を主な材料として―」では、一条兼良著『桃華蘂葉』に記された室町末期の一条家領の概要と、興福寺大乗院主尋尊の日記である『大乗院寺社雑事記』の記述を実証的に検証することで、中世末のこの家領の実態と下向・在荘を実行した教房の行動を考察し、併せてこの家領の特質を論じた。

『桃華蘂葉』が完成したのは兼良の死の一年前であり、さらに兼良の長男教房が幡多に下向・在荘を続けて一二年が経過した時期でもあることから、この家領については本来、他のどの家領にもまして正確な家領の実態が記されなければならない。しかしその概要には「土佐国幡多郡、有諸村村等、当時雖有知行之号、有名無実也」という漠然とした記述と、教房在荘中という事実が記されているのみで、鎌倉幕府からの給付地であるという由緒や、年貢額とその収納状況、支配形態等についての記述が全くなく、この点が他家領の記述と大きく異なっている。

ただし家領名が「幡多郡」と記されている事実から、九条道家の処分状以来二三〇年以上もの間、一条家一門がこの家領を「郡」という単位で認識し続けていたことがわかる。すなわち兼良はこの家領を「幡多郡」と認識しながら、その一方で「幡多郡」が知行地であるという口伝以外の詳細情報を全く承知していなかったということなのである。これこそが、一条家のこの家領に持つ認識が単なる観念上のものでしかなかった証左であると考える。

兼良の祖父経通の時代までは、「幡多郡」から得分らしきものが京進される実態があったが、すでに兼良の時代には、知行地という口伝以外は実態の分からない家領となっていた。「幡多郡」は経通以降急速に衰退したと考えられる一方で、兼良は当主となって以降も「幡多郡」回復のためには何ら手立てを講じておらず、この家領に関心を示した様子が窺えない。他家領に対しては家司の派遣や兼良自身による訴訟・下向の例が見られ、不知行化を食い止めようとする兼良の意思が確認できるが、「幡多郡」にはそうした跡が全く見えず、この家領が一条家にとって重要な位置付けにはなかったと考えるほかない。

それが一転して応仁期の教房の下向・在荘に至ったのは、家領の不知行化によって悪化した家の経済を立て直すためであったのはもちろんである。ただし、一体なぜ下向者が家司ではなく当主教房であったのか、はるばる遠国まで向かうのに妻室を伴ったのにはどのような理由があったのか、また両者とも一度も京都に戻ることなく幡多で生涯を終えたのかなどの点が判然としない。

これらの疑問は、「幡多郡」が一条家の知行地であるという兼良の認識に当てはめ、教房の下向を「幡多郡」を知行するための行動であったと位置付けることによって合理的に説明できる。兼良は「幡多郡」に対して土地支配を含めた包括的権利を有していると考えていたのであり、そうした認識に基づいて教房の下向は実行された。これは兼良・冬良による年貢回収のための他家領への下向とは全く異質なものである。

兼良・冬良の他家領への下向は、滞っている年貢の回収が目的であった。代官への督促か、代官を排した国人領主・百姓等からの直接徴収かの違いはあるが、両者の目的は未進の年貢徴収という一点にあり、したがって望みのものを手に入れればすぐに帰京している。両者の下向は、荘園領主自らの下向を無視できない国人領主等から年貢を徴収する一時的な行動でしかなかった。

教房の幡多下向はそれとは異なり、国人領主等より一段上の立場で領主等に正式な官位を斡旋し、「下知」を行いながら現地で暮らし続けるというものであった。「下知」に対する国人領主等の応諾により、教房は自身が

「幡多郡」を知行していると思っていたのである。しかしながら、知行の具体的結果の一つである年貢の京進はなされず、一条家は冬良の元服・昇進に伴う拝賀や近親の葬儀等の費用を美濃斎藤氏や周防大内氏の献上金に頼らざるを得なかった。国人領主等は下知には反抗しなかったものの実行もしておらず、すでに一条家とは関係のない権力構造の下で動いていたものと考えられる。教房が「幡多郡」に包括的・領域的支配を展開できていたとは考え難い。

『桃華蘂葉』に記された「幡多郡」の後に「有諸村村等」という具体的な記述がなされている事実により、兼良のこの家領に対する認識が教房の下向によってそれまでとは異なるものになったことが指摘できる。

かつて道家の処分状では、「土佐国幡多郡」の後には五ヶ所の荘園名が記されていた。しかし、兼良は生涯一度も幡多の地を踏んでいないにも拘らず、道家の記述を踏襲せず新たに「有諸村村等」と記した。それは、「幡多郡」という名前から兼良がそれまで認識していたこの家領が、実はいくつかの村々の集合体でしかなかったことが、教房の下向・在荘をもって判明したという意味で解されよう。

兼良が有名無実と断じたのは、知行地に持つ包括的権利に対してであることは言うまでもないが、家領の現実的な広がりに対しての評価でもある。兼良は、本来は複数の「庄」「郷」を内包する単位としての「郡」という名称から、自身が居住する畿内近郊の荘郷と比較することによって、それまで「幡多郡」の広さ・範囲といったものを理念的・観念的に認識してきたが、実態はその認識からかけ離れた狭小なものであったという結論に到達したのである。その結論自体が兼良の新たな観念的認識であるのは言うまでもないが、兼良はそうした認識を持つに足る具体的な状況を教房からの書状の中に見出したのだと考えられる。

第二節　幡多荘とは何か—その実体と課題—

各章における検討で得られた以上の知見を基に、本書の問題関心であるところの幡多荘とは何かについて結論するとともに、今後の課題について若干の私見を述べたい。

この家領を表す用語として、史料上には「幡多郡」と「幡多庄」の二つが存在する。九条家が鎌倉幕府から給付されたと考えていたものは「幡多郡」であった。それはあくまでも観念的な認識に過ぎず、また「幡多郡」に持つ九条家の権利が判然としないが、支給者の鎌倉幕府、受給者の九条家、そして現地の三者にとっては、「土佐国幡多郡」という郡名だけで受給者が有する権利が共有できていたものと考えられる。

そしてその権利は、政所に属する一家司に与えられ、また簡単に取り上げられる性格のものでもあった。こうした点を勘案するなら、鎌倉幕府が九条家に給付した「幡多郡」なるものは、公験を有する所謂荘園ではなく、また直接の支配権でもなく、郡から上がる収納物の一部を受け取るというだけの権利ではなかったか。さらにその給付の形式も、寄進や宛行のように支証となる文書の類を伴ったものではなかった可能性を考える必要がある。

室町末期の一条家当主兼良の遺誡に「土佐国幡多郡」という同じ記述が見られることは、代々の一条家当主がそうした「幡多郡」の実体を了解し、引き継いでいた可能性を示すものではある。しかし、北条氏滅亡と新政府の発足、さらに南北朝分裂を経た足利政権の成立という歴史上に起きた権力構造の変換、九条家からの一条家分立等の、家領支給時の当事者同士の改代により、兼良が当主となった段階では得分京進が途絶え、「知行之号」

すなわち「幡多郡」は一条家の知行地であるという口伝だけが残る状態となっていたと考えられる。知行とは中世・近世における土地支配の概念であるが、口伝の存在によって兼良は、一条家が「幡多郡」に対し包括的な権利を有しており、かつてはその権利を行使していたのだと考えていたのである。この認識が、家領が悉く不知行化の一途をたどるようになった応仁期に、かつての栄光を取り戻すべく教房を下向させた理由につながる。

また、本来「郡」とは、複数の「庄」「郷」を内包する単位でもあることから、兼良は自身が目にする畿内近郊の荘郷との比較によって、この家領がそれらよりもかなり広大な領域を伴っていると考えていたことが想定されよう。このように「幡多郡」に対する一条家の認識は、あくまで理念的・観念的なものでしかなかった。

その一方で、一三世紀前半頃から所謂「金剛福寺文書」の中に「幡多庄」なる荘園名が登場するようになる。文書の差出者の多くは一条家政所、もしくは一条家当主の意を受けた政所の一家司で、内容は「幡多庄」に対し金剛福寺への奉加の指示や同寺の不輸不入といった特権を許可したものである。そうした許可によって、当該期の金剛福寺は一条家を後ろ盾とし、且つその関係性を基に「幡多庄」内で他寺より優位な立場に立っていたと考えられる。

しかし、それらの令達が、多く寺側が提出した解状・陳状の内容を引用し、それに応える当主の意向を伝えるものであることを考慮するなら、両者の関係性は一条家の客観的な判断のもとに構築され深化したものではなく、金剛福寺が積極的に提出する解状に、一条家が機械的・盲目的に応え続けたことによってできあがったものと考えなければならない。道家の処分状に「土佐国幡多郡」という記述が見られる一五年も前に、現地では「幡多御庄」なる用語が成立しており、それが現地で共有されていたのは間違いのないところであることから、「幡多庄」

という荘園名は金剛福寺と一条家との間においては同寺主導で用いられたと考えるのが妥当であろう。

一条家初代実経が道家から受け継いだ所々の多くは、寺社を経営に参加させ自らは本家職を受け取る類のものが多かった。よって、金剛福寺からの解状に登場する「幡多庄」という荘園を、「幡多郡」の中にある一荘園と認識していたとしてもおかしくない。一条家は現地に向けた令達の充所には「幡多庄」と記すが、後世に伝える自家の遺誡には「幡多郡」と記している。この家領に対する兼良の観念的認識に照らし合わせても、一条家が「幡多郡」と「幡多庄」を同じものと考えていたかどうかは疑問である。

それでは、この「幡多庄」とは何か。

第一にはそれは、「金剛福寺文書」の中に登場するもので、多く一条家政所が発給した令達の充所として用いられている荘園名である。しかし、そうした令達のほとんどが、金剛福寺が提出した解状・陳状に応える形で機械的に発給されたと考えられるものであること、その内容がすべて「幡多庄」における金剛福寺の優位を決定付けるものであることを勘案するなら、「幡多庄」とは、金剛福寺が一条家に対し、現地における自らの主張を行き渡らせたい荘郷―堂舎造営や法会の費用を割り当てる村々や、寺領として不輸不入の特権を主張する田畠―の背景として、都合よく用いた言葉であると結論せざるを得ない。したがって「幡多庄」とは、四至を定め公験を有し、その中の権限を領主が一元的に手にするといった、一般的に想定されるような荘園ではない。しかし、一条家政所が発給する下文の充所として用いられたことによって、「幡多庄」はそうした荘郷の背景を示す呼称として現地に定着した。

第二には、それにも拘らず「幡多庄」は、室町末期の一条家当主兼良に、当該期の一条家領の実態であるという認識を与えるに足る特質を有し、且つそれから一〇〇年後の検地においても、現実的な一定の領域として帳面に記されたと考え得るものでもある。

荘園制は、概ね南北朝期には衰退したと考えられており、特に室町後期以降は地域権力が勢力を伸長させることによって未進・押領が続いた結果、その維持が困難となって崩壊するに至る。しかし土佐では、戦国期に至っても「庄」の呼び名が生き続けているだけでなく、その中身も寺領という枠組みに連なることによって、「庄」の領域内に属する住民の安全や権利が、外部に対して一定保障される形で生き残っていた可能性を考える必要がある。

これらから、「幡多庄」とは金剛福寺領に連なる田畠あるいは村々なのではないかと想定するが、中世の幡多に関する史料がほとんど存在しないこともあって、当該期の幡多地域における権力構造が十分解明できず、直ちに「幡多庄」と金剛福寺領を結び付けることができなかった。よって本書では可能性としての指摘にとどめているが、「幡多庄」は一条家よりも金剛福寺との関係性においてこそ検討されるべきものであることを提起するとともに、これまでに得た知見に加えて近世の史料からの遡及的な検証も視野に入れ、今後も検討を続けたい。また、このような状況が、土佐以外の周辺諸国にも時代的特徴として一般化できるかという点についても、これからの課題としたい。

それでは最後に、幡多郡と同義とされ、一条家の広大な一円領としても定説化されてきたところの、幡多荘の正体とはいったい何か。

不遜の誹りを受けることを承知で結論すれば、それは史料に登場する「幡多郡」と「幡多庄」という、外見を同じくするもの同士のように見える二つを、両者の質的な問題を一切考慮することなく結び付け、さらに郡制期の行政区画である幡多郡の広大な面積とも結びつけたことによって生み出された虚像である。しかもそれは、強固な地域アイデンティティーと深く結びつき、中世幡多に生じた事象の多くが、そうした広大な一条家の一円領幡多荘を下地として歴史の中に位置付けられていった。改めて幡多荘の見直しが求められるとともに、幡多荘を基に形成された歴史像についても、史料に基づいた実証的検討と冷静な議論を伴った見直しの必要性を提起したい。

定説となった歴史像の見直しは困難を伴う。なぜなら、それに代わる新たな歴史像が提示されただけでは十分ではなく、新たな歴史像が多くの議論を経て人々に認知されるに至るまで、定説はいつまでも定説として支配的であり続けるからである。

本書において、筆者はすでに幡多荘についての新たな歴史像を提示している。次は、これまでの歴史像を示してきた側からの本書に対する検証が行われる番である。本書に多くの批判が向けられ議論が醸成されることで、この家領に対する実証的研究が活性化し、それによって明らかになった歴史的事実が一つ一つ積み重ねられていくことを真に期待し、擱筆する。

参考文献

秋澤　繁・荻慎一郎編『街道の日本史47　土佐と南海道』吉川弘文館、二〇〇六年。

朝倉慶景『土佐一条家年表』一条兼定没後四〇〇年記念実行委員会、一九八五年。

朝倉慶景「土佐国幡多郡の郡家についての歴史地理学的一考察」(『土佐史談』第二〇四号、一九九七年)。

朝倉慶景「室町・戦国期における土佐国有力国人衆の動向と蹴鞠について」(『土佐山田町研究紀要』第一集、土佐山田町教育委員会、一九九八年)。

網野善彦他編『言葉の文化史　中世Ⅰ〜Ⅳ』平凡社、一九八八年〜一九八九年。

網野善彦他編『講座日本荘園史』吉川弘文館、一九八九年〜二〇〇五年。

安西欣治『崩壊期荘園史の研究』岩田書院、一九九四年。

石井　進『日本中世国家史の研究』岩波書店、一九七〇年。

石井　進「関東御領覚書」(『神奈川県史研究』第五〇号、一九八三年)。

伊藤俊一『室町期荘園制の研究』塙書房、二〇一〇年。

今泉淑夫「文明二年七月六日付飛鳥井雅親書状案をめぐって」(『日本歴史』三六九号、一九七九年)。

今谷　明『言継卿記―公家社会と町衆文化の接点―』そしえて、一九八〇年。

上杉和彦「中世土佐地域史論の諸前提―鎌倉幕府権力と土佐国の関係に関する一試論―」(十世紀研究会編『中世成立期の政治文化』東京堂出版、一九九九年)。

海老沢美基「中世後期の一条家の妻たち―「家」の妻、その存立基盤と継承―」(前近代女性史研究会編『家・社会・女性―古代から中世へ―』吉川弘文館、一九九七年)。

遠藤基郎「鎌倉後期の知行国制」(『国史談話会雑誌』三二号、一九九一年)。

大石直正「平安時代の郡・郷の収納所・検田所について」(豊田武教授還暦記念会編『日本古代・中世の地方的展開』吉川弘文館、一九七三年)。

大阪府学務部編『大阪府史跡名勝天然記念物　第三冊』清文堂出版、一九三一年。

貝　英幸「室町期守護大名と奢侈品流通」『史学論集―佛教大学文学部史学科創設三十周年記念―』一九九九年。

貝　英幸「松梅院禅予と宮寺領の回復―所領注文作成を例にして―」(日次紀事研究会編『年中行事論叢―『日次記事』からの出発―』岩田書院、二〇一〇年)。

貝　英幸「中世寺院創建譚の創出と勧進」(『佛教大学歴史学部論集』第四号、二〇一四年)。

筧　正博「続・関東御領考」(石井　進編『中世の人と政治』吉川弘文館、一九八八年)。

笠谷和比古『公家と武家2―「家」の比較文明史的考察―』思文閣出版、一九九九年。

勝山清次「国衙領における官物体系の変化をめぐって―中世的年貢体系の成立過程―」(『人文論叢』第二号、三重大学人文学部文化学科、一九八五年)。

鎌倉佐保「荘園制と中世年貢の成立」(大津透ほか編『岩波講座　日本歴史』第六巻、中世1、岩波書店、二〇一三年)。

黒田日出男「『荒野』と『黒山』―中世の開発と自然―」(『境界の中世』東京大学出版会、一九八六年)。

桜井英治「日本中世の贈与について」(『思想』八八七号、一九九八年)。

桜井英治「中世史研究と贈与論の射程」（『九州史学』一四五号、二〇〇六年）。

下村　效『戦国・織豊期の社会と文化』吉川弘文館、一九八二年。

下村　效「土佐国有井柑子園の所在地」（『日本歴史』第五〇八号、一九九〇年）。

白石虎月編『東福寺誌』思文閣出版、一九三〇年。

白河哲郎「鎌倉時代の国衙と王朝国家」（『ヒストリア』第一四九号、一九九五年）。

菅原正子『中世公家の経済と文化』吉川弘文館、一九九八年。

瀬野精一郎編『日本荘園史大辞典』吉川弘文館、二〇〇三年。

高橋一樹『中世荘園制と鎌倉幕府』塙書房、二〇一三年。

竹内理三編『荘園分布図　上下巻』吉川弘文館、一九七五年〜一九七六年。

田沼　睦「室町期荘園研究の一、二の視点」（『古代・中世の社会と文化』弘文堂、一九七六年）。

時野谷滋「知行国制の成立」（坂本太郎博士古稀記念会編『続日本古代史論集　下巻』吉川弘文館、一九七二年）。

戸田芳美「国衙領の名と在家について」（『日本領主制成立史の研究』一九六七年）。

永島福太郎『一条兼良』吉川弘文館、一九五九年。

永島福太郎「一条兼良と福原庄」（『兵庫史学』第一六号、一九六〇年）。

永原慶二編『中世史ハンドブック』近藤出版社、一九七三年。

永原慶二『日本中世社会構造の研究』岩波書店、一九七三年。

西岡虎之助『荘園史の研究』下巻一、岩波書店、一九五六年。

西谷正弘「荘園制の展開と所有構造」（大津透他編『岩波講座　日本歴史』第八巻、中世3、岩波書店、二〇一四年）。

橋田庫欣「応徳の譲状―古代幡多の荘園史料の研究―」（『土佐史談』一四〇号、一九七五年）。

橋本義彦「院宮分国と知行国再論」（『平安貴族』平凡社、一九八六年）。

浜田数義「地検帳「足摺分」の実体」（『土佐史談』一九五号、一九九四年）。

宮川　満『太閤検地論』第一書房、一九九九年。

松田直則「四万十川流域の中世河津」（中世都市研究会編『中世都市研究　三　津泊宿』新人物往来社、一九九六年）。

宮本晋平「鎌倉時代の国守について」（『鎌倉時代の権力と制度』思文閣、二〇〇八年）。

村井章介・佐藤信・吉田伸之編『境界の日本史』山川出版社、一九九七年。

山本　大「土佐国荘園研究序説」（『高知の研究　二　古代・中世編』清文堂出版、一九八二年）。

湯谷　稔編『日明勘合貿易史料』国書刊行会、一九八三年。

横川末吉「長宗我部地検帳の名請について」（『日本歴史』第七八号、一九五四年）。

横川末吉『長宗我部地検帳の研究』高知市立市民図書館、一九六一年。

米田雄介『郡司の研究』法政大学出版局、一九七六年。

図表一覧

初出一覧

序　章　新稿。

第一章　「九条家領「土佐国幡多郡」の伝領とその特質」（『佛教大学大学院紀要』第四二号、二〇一四年）を改訂・加筆。

第二章　「金剛福寺文書に見る「先例」とその効用―一条家政所下文を中心に―」（『鷹陵史学』第四二号、二〇一六年）を改訂・補筆。

第三章　「中世土佐国幡多地域における金剛福寺の存在形態」（『地方史研究』第六六巻、第五号、二〇一六年）を改訂・補筆。

補　論　新稿。

第四章　「一条家領土佐国幡多荘再考（一）―長宗我部地検帳の検討を中心に―」（『土佐史談』二六四号、二〇一七年）を改訂・補筆。

第五章　「一条家領土佐国幡多荘再考（二）―一条兼良著『桃華蘂葉』を主な素材として―」（『土佐史談』二六五号、二〇一七年）、および「一条家領土佐国幡多荘再考（三）―応仁期一条教房下向の性格とその成果―」（『土佐史談』二六六号、二〇一七年）を改訂・補筆。

終　章　新稿。

あとがき

二〇〇五年九月、休学状態にあった慶應義塾大学に復学した私は、「卒業論文のテーマは現在の居住地である土佐で探した方がいい」と教員に言われ、図書館に日参してテーマ探しを始めた。そして、その広大さが繰り返し語られる一つの荘園と出会う。鎌倉期から戦国期にかけての約三五〇年にわたって、土佐国西南部の幡多地域に展開されたという摂関家領幡多荘である。

同荘は、『高知県史』や『土佐史談』等の歴史専門の書籍や雑誌だけでなく、地元にある高校の歴史授業にも取り上げられており、そこでは多く「幡多郡と同義語の広大な一円領」と紹介されていた。重要であるのは、幡多荘が一体どの時代の幡多郡と同義なのかであるが、その点については「国造時代の波多、律令時代の幡多郡」と位置付けられていた。しかし「広大な一円領」という文言から、これらの文献において実際に念頭に置かれている幡多荘の領域は、高知県の四分の一の広さを誇った明治期郡制時代の幡多郡であるのは間違いないと思った。すると幡多荘は、四国四県の一つ、香川県の総面積にも匹敵する領域を有していたことになる。そうした巨大な荘園はいつ、どのようにして成立したのか、荘園内の構造はどうなっていたのか、所謂荘園公領制という当該期の土地制度を背景に、そのような広大な領域を公家が「一円領」とするための具体的な支配体制とはどのようなものか等の疑問が生じたが、前述の文献ではそうした点についてほとんど言及されておらず、疑問は解決されなかった。「それなら私自身でその解を見つけよう。」これが、ほぼ一三年に及んだ幡多荘研究の始まりである。

すなわち本書は、これまで通説的に語られてきた幡多荘について抱いたいくつかの疑問を、史料に忠実に検討し解決しようと試みた、そのささやかな成果である。ただし本文中でも述べているように、私自身の力不足により十分な検討ができていない問題は多く残っており、それらをこれからの研究課題として、引き続き土佐の中世に向き合っていこうと思っている。

なお本書は、佛教大学に提出した平成二九年度博士論文「摂関家領土佐国幡多荘再考」を一部改訂・補筆し、平成三〇年度佛教大学研究叢書出版助成を受けて世に送り出していただいたものである。

佛教大学三回生に編入学以来、浅学な私の突飛な質問を正面から受け止め、十年の長きにわたって厳しくも温かいご指導を賜った貝英幸先生、弱気になる私を叱咤激励し応援してくださった今堀太逸先生、お話しするたびに新たな検討の視点を指し示してくださった佐古愛己先生に心から感謝し、厚くお礼申し上げたい。

そして、お一人お一人のお名前をここに挙げることができないが、幡多荘の解明にもがき迷走する私を温かく受け入れ、力を貸してくださったすべての方に、改めてお礼の言葉を申し述べたい。

平成三一年二月一日

大利　恵子

研究者索引

ろ

人名索引

事項索引

【著者略歴】

大利　恵子（おおり・けいこ）

1955年　福岡県生まれ
2008年　慶應義塾大学文学部Ⅱ類（歴史学専攻）卒業
2018年　佛教大学大学院文学研究科日本史学専攻博士後期課程修了　博士（文学）
現　在　佛教大学研究員

主要論文に「金剛福寺文書に見る『先例』とその効用――一条家政所下文を中心に―」（『鷹陵史学』第42号、2016年）、「中世土佐国幡多地域における金剛福寺の存在形態」（『地方史研究』第66巻、第5号、2016年）等。「一条家領土佐国幡多荘再考（一）―長宗我部地検帳の検討を中心に―」（『土佐史談』264号、2016年）、「一条家領土佐国幡多荘再考（二）――一条兼良著『桃華蘂葉』を主な素材として―」（『土佐史談』265号、2017年）等により高知新聞厚生文化事業団主催2018年度平尾道雄学術奨励賞受賞。

佛教大学研究叢書35

摂関家領土佐国幡多荘再考

2019（平成31）年３月28日発行

定価：本体5,800円（税別）

著　者　大利恵子

発行者　佛教大学長　田中典彦

発行所　佛教大学
〒603-8301　京都市北区紫野北花ノ坊町96
電話　075-491-2141（代表）

制　作
発　売　清文堂出版株式会社
〒542-0082　大阪市中央区島之内二丁目８番５号
電話　075-751-1781（代表）

印　刷
製　本　亜細亜印刷株式会社

　ISBN978-4-7924-1099-5　C3021

『佛教大学研究叢書』の刊行にあたって

二十一世紀をむかえ、高等教育をめぐる課題は様々な様相を呈してきています。科学技術の急速な発展は、社会のグローバル化、情報化を著しく促進し、日本全体が知的基盤の確立に大きく動き出しています。そのような中、高等教育機関である大学に対し、「大学の使命」を明確に社会に発信していくことが求められています。

本学では、こうした状況や課題に対処すべく、本学の建学の理念を高揚し、学術研究の振興に資するため、顕著な業績をあげた本学有縁の研究者に対する助成事業として、平成十五年四月に「佛教大学学術振興資金」の制度を設けました。本『佛教大学研究叢書』の刊行は、「学術賞の贈呈」と並び、学術振興資金制度による事業の大きな柱となっています。

多年にわたる研究の成果は、研究者個人の功績であることは勿論ですが、同時に本学の貴重な知的財産としてこれを蓄積し活用していく必要があります。また、叢書として刊行することにより、研究成果を社会に発信し、二十一世紀の知的基盤社会を豊かに発展させることに貢献するとともに、大学の知を創出していく取り組みとなるよう、今後も継続してまいります。

佛教大学